牛钰莹 著

公共图书馆建设与阅读推广探索

延吉·延边大学出版社

图书在版编目（CIP）数据

公共图书馆建设与阅读推广探索 / 牛钰莹著. -- 延吉：延边大学出版社，2024.2
ISBN 978-7-230-06214-5

Ⅰ. ①公⋯ Ⅱ. ①牛⋯ Ⅲ. ①公共图书馆－图书馆工作－研究②公共图书馆－读书活动－研究 Ⅳ. ①G258.2②G252.17

中国国家版本馆CIP数据核字(2024)第047978号

公共图书馆建设与阅读推广探索

著　　者：牛钰莹
责任编辑：侯琳琳
封面设计：文合文化
出版发行：延边大学出版社
社　　址：吉林省延吉市公园路 977 号　　邮　编：133002
网　　址：http：//www.ydcbs.com　　E-mail：ydcbs@ydcbs.com
电　　话：0433-2732435　　传　真：0433-2732434
印　　刷：廊坊市广阳区九洲印刷厂
开　　本：710 毫米 ×1000 毫米　1/16
印　　张：10.5
字　　数：200 千字
版　　次：2024 年 2 月第 1 版
印　　次：2024 年 4 月第 1 次印刷
书　　号：ISBN 978-7-230-06214-5
定　　价：78.00 元

前　言

随着信息时代的到来，人们获取知识和信息的途径越来越多元化，电子书、互联网等新媒体形式层出不穷。但是，公共图书馆的重要性并没有减弱，反而更加凸显。公共图书馆是社会的智力宝库，它不仅拥有丰富的文化典籍，也承担着普及知识、促进文化传承和推广阅读的使命，成为社区学习、文化活动和信息咨询的中心。在这一背景下，公共图书馆的建设与阅读推广备受重视，需要不断创新与发展，因为其涉及国家文化软实力的提升、社会知识水平的提高，以及每个个体的自我成长。

公共图书馆建设与阅读推广是重要而具有挑战性的工作，需要各方的共同合作，包括政府、教育机构、社会组织和个人。只有众多利益相关者共同努力，才能够在公共图书馆建设与阅读推广领域取得进步。

本书从公共图书馆建设的基础理论入手，深入分析了公共图书馆的空间建设、信息服务建设及读者服务建设，探索了公共图书馆与高校、社区等资源共建的模式，探讨了公共图书馆阅读推广活动的实践模式，以及阅读推广活动的重要性。同时，本书聚焦于数字化时代的发展实际，介绍了公共图书馆如何整合先进技术，提升服务的智能化水平，以满足不同层次读者的需求。本书旨在进一步丰富我国公共图书馆建设与阅读推广理论，为公共图书馆的发展提供理论依据。

目　　录

第一章　公共图书馆概述 ··· 1
第一节　公共图书馆的概念与特点 ·································· 1
第二节　公共图书馆的发展历程、分类与功能 ····················· 6
第三节　公共图书馆服务 ··· 15

第二章　公共图书馆空间建设 ··· 32
第一节　公共图书馆空间的设计原则与功能布局 ················· 32
第二节　公共图书馆空间的人性化设计 ···························· 44

第三章　公共图书馆信息服务建设 ····································· 51
第一节　信息服务概述 ·· 51
第二节　公共图书馆信息服务的原则 ······························· 57
第三节　公共图书馆信息服务建设策略 ···························· 68
第四节　公共图书馆信息资源的共建共享 ························· 72

第四章　公共图书馆读者服务建设 ····································· 75
第一节　公共图书馆读者服务工作存在的问题及改进策略 ····· 75
第二节　公共图书馆读者服务中读者意见的处理机制 ··········· 82
第三节　微时代背景下公共图书馆读者服务建设 ················· 89

第五章　公共图书馆资源共建模式 ····································· 96
第一节　公共图书馆资源共建共享 ·································· 96
第二节　高校与公共图书馆资源共建 ······························ 102

第三节　社区与公共图书馆资源共建……107

第六章　公共图书馆阅读推广活动……122

第一节　公共图书馆阅读推广活动的含义……122

第二节　公共图书馆开展阅读推广活动的主要方式……124

第三节　公共图书馆阅读推广活动的特点……133

第四节　公共图书馆阅读推广活动的设计、实施与评估……136

第七章　公共图书馆阅读推广活动实践模式……142

第一节　利用社交媒体进行阅读推广……142

第二节　利用读书会与竞赛进行阅读推广……149

第三节　利用图书漂流进行阅读推广……153

参考文献……161

第一章　公共图书馆概述

第一节　公共图书馆的概念与特点

一、公共图书馆的概念

公共图书馆是什么？这是了解和研究公共图书馆的出发点。公共图书馆在历史上一出现，就体现出其公益性、均等性和普惠性的文化本质。同时，公共图书馆作为图书馆类型中数量最多、涉及面最广的一类图书馆，既具有图书馆的共同特点，也体现出与大学图书馆和专业图书馆的相异之处。

公共图书馆属于图书馆的一种类型，既具有图书馆的共同属性，又具有作为公共图书馆的特性；而且公共图书馆在历史发展进程中既保持了其固有的特点，也被注入了新的功能。通过回顾公共图书馆的发展历史，考察公共图书馆在当代的新发展，我们可以对其做如下的定义：公共图书馆是与大众关系最为密切的一种图书馆类型。公共图书馆是由政府投资兴办或由社会力量支持兴办的、向社会公众开放的图书馆，是知识资源收集、存储、加工、研究、传播和服务的公共文化空间和社会教育设施，具有公益性、均等性和普惠性特点。公共图书馆又被称为知识的宝库、公共文化空间、第三空间、第二起居室、"没有围墙的学校"、文化信息的中心等等。

我们可以从以下几方面来理解公共图书馆的概念：

（一）知识积淀的宝库

公共图书馆的文化结构主要包括文献、建筑、馆员、读者和技术，而作为知识的载体，文献是图书馆文化最基本的内容和最集中的体现。人类创造公共图书馆的重要目的就是让自身的文明能够有所积淀和传承。公共图书馆是人类社会时间、空间和价值观的体现。无论是古籍善本、名人手稿、碑帖谱牒、书信档案，还是丛书刊物、票据册子、证章钱币、照片绘画，各类文献载体将人类的历史知识信息予以保存。在众多城市，公共图书馆建筑已成为城市的文化地标，如外形象征四本巨著的法国国家图书馆、被美国建筑师学会评为150个最喜爱的建筑之一的美国西雅图公共图书馆、跻身北京新十大建筑行列的中国国家图书馆二期工程等，都体现出公共图书馆作为人类知识积淀象征和文化传承符号的意义。

（二）公共文化的空间

公共图书馆既是一个平等、免费的社会共享空间，也是给人以心灵慰藉的精神家园和幽雅宁静的公共绿洲。公共图书馆在城市化的进程中，给市民提供了一个逐渐融合的缓冲区域。公共图书馆给寂寞孤独者以慰藉，给贫穷无助者以鼓励，给公共文化服务以基本保障，并为信息公开和公民表达诉求铺设了一条社会通道。

公共图书馆是一个文化共享的社会公共空间，它与私人空间相对应，向社会各阶层的公众开放并提供服务。与街道、广场、公园、运动场、文化活动中心等一样，大多数的公共图书馆作为公共文化共享空间，属于国有资产，归全民所有。一些团体或私人出资兴办并提供服务的私人图书馆，则属于半公共空间。上海市近年来在市中心的社区中以书吧或书坊形式开设的微型图书馆，有的采用会员制服务方式，就属于这种类型。

有学者将公共图书馆形象地称为"第二起居室"，这体现了公共图书馆的普适性。公共图书馆一经出现，便成为人们学习、休闲、交流的公共空间。

（三）"没有围墙的学校"

公共图书馆被誉为"没有围墙的学校"，是社会教育体系的重要组成部分，是公众进行终身教育的"城市教室"。公共图书馆作为面向公众的知识门户，为人们提供了丰富的知识。在公共图书馆里，人们可以看书、读报、上网、听讲座、看展览、欣赏音乐、参加各类读者推广活动，还可以加入公共图书馆志愿者或社会监督员行列。通过遍布城乡的公共图书馆服务点和网上的数字虚拟服务，公共图书馆创造了"人人皆学、处处可学、时时能学"的社会环境，为人们提供了一个巨大的学习空间。

（四）文化信息的中心

公共图书馆体现了文化的积淀、文化的传播、文化的交流、文化的创新、文化的共享与服务。公共图书馆的文化属性包括社会性、教育性和民族性。作为地区的信息中心，公共图书馆既是文献、信息、知识、人才、思想的汇聚地，也是集图书馆、博物馆、美术馆、科技馆、档案馆和文化馆为一体的文化活动中心。公共图书馆与社会各界保持广泛联系与互动，通过跨界协作实现创新，并在拓展过程中实现资源共享。

二、公共图书馆的特点

公共图书馆具有公益性、均等性和普惠性等特点。

（一）公共图书馆的公益性

要了解什么是公共图书馆服务，首先要了解什么是公共服务。所谓公共服务，是指能使公民及其被监护人（如未成年子女）的某种直接需求得到满足，同时在某种程度上使用了公共权力或公共资源的社会生产过程。公共图书馆应当向所有读者提供免费的基本服务，以满足读者的基本文化需求。这里讲的基本服务，包括为读者免费提供多语种、多种载体文献的借阅服务，一般性的咨询服务，组织各类读者活动以及提供其他公益性的服务等。公共图书馆的所有服务应当着眼于以读者为本的公益性服务，不能以营利为目的。公共图书馆的经费支出应当能够保障公共图书馆业务发展所需和足以支付公共图书馆馆员的工资。

（二）公共图书馆的均等性

公共图书馆的设置布局应遵循均等性原则，选址要考虑服务半径、服务人口等因素，在服务工作中应平等地对待每一位读者并尊重和维护其隐私。

为了缩小地区公共图书馆服务能级的差异，并顺应公共图书馆的未来发展趋势，全球的公共图书馆都在不同程度地开展地区间资源共建共享活动。例如，我国于2010年启动了"县级数字图书馆援疆行动"，为新疆地区的所有县级图书馆配送电子图书、电子期刊、视频资源、政府公开信息数据、网络专题信息资源等，其目的就是构建一个覆盖全新疆的数字图书馆服务网络。

信息技术的发展是实现公共图书馆均等化的重要技术手段。信息化改进了城乡和边远地区基层公共图书馆的服务方式，使发达地区的公共图书馆资源能够向偏远地区辐射，实现信息资源的共享。

（三）公共图书馆的普惠性

公共图书馆实行惠及全民的服务政策，即面向所有公民开放，城乡所有成员都有享受其服务的权利，而不受种族、国籍、年龄、性别、语言、能力、经济和就业状况或教育程度的限制。《公共图书馆服务规范》在总则中也指出，公共图书馆服务对象包括所有公众。应当注重培养少年儿童的阅读习惯，注重为残疾人、老年人、进城务工者、农村和偏远地区公众及其他有特殊需要的群体服务。

伴随着中国城市化进程的加快，大量农村人口进入城市，其中每年进城务工人员的数量是十分惊人的。为了体现公共图书馆的普惠性，很多城市都开始提供面向进城务工人员的公共图书馆服务。例如，设立面向进城务工人员的图书馆服务点。这些服务点不仅提供图书借阅服务，还为他们提供各种技能培训、法律咨询等多元化的服务，旨在帮助他们更好地适应城市生活，提升自身能力，更好地融入城市社会。

第二节 公共图书馆的发展历程、分类与功能

一、公共图书馆的发展历程

（一）公共图书馆的出现

公共图书馆是社会发展到一定阶段的产物，是社会民主、公民权利和社会平等现代人文意识成熟的结果。

图书馆学界普遍认为公共图书馆产生于19世纪中叶的英国和美国。1850年，英国颁布了《公共图书馆法》，这是世界第一部公共图书馆法。根据这部法律，1852年，英国曼彻斯特公共图书馆成立，成为世界公共图书馆的开端。

从19世纪开始，美国各地逐步以法案的形式确立了公共图书馆制度。1852年，美国第一个公共图书馆——波士顿公共图书馆成立。之后，美国"钢铁大王"安德鲁·卡内基在美国各地捐建图书馆，进一步推动了美国公共图书馆的建设。

我国现代意义的公共图书馆出现于20世纪初的晚清时期。浙江省绍兴市人徐树兰于1904年创办的古越藏书楼，有其明确的办馆宗旨、规范的管理与服务，具有半公共性质，很多研究者将它视为我国公共图书馆的开端。同年，由张之洞创办的湖北图书馆在武汉成立。不久后，湖南图书馆、黑龙江图书馆等相继成立。1910年，清政府颁布了《京

师及各省图书馆通行章程》，确立了由公共经费支持、为公众提供服务的公共图书馆制度。

（二）公共图书馆的发展

公共图书馆诞生后，在各国出现了迅速发展的局面。20世纪初，英国图书馆服务逐步从城市延伸到农村，1945年后进入发展的黄金期，20世纪60年代实现现代化服务。但是从20世纪80年代开始，随着英国经济的衰退和保守党经济政策的变化，英国公共图书馆出现衰退。2010年后，受金融危机和欧债危机的影响，英国公共图书馆出现了最严重的衰退，政府投入骤减。

美国的公共图书馆发展平稳，20世纪60年代就形成了相对完备的公共图书馆服务体系。

中华人民共和国成立后，我国公共图书馆事业开始恢复，国家出台了一些相关政策。20世纪80年代，国家"六五"计划提出了"县县有图书馆"的目标，县以下公共图书馆建设出现高潮。2006年，"十一五"规划明确提出，建立覆盖全社会的比较完备的公共文化服务体系。2017年11月4日，第十二届全国人民代表大会常务委员会第三十次会议通过《中华人民共和国公共图书馆法》，该法于2018年1月1日起施行，公共图书馆进入了前所未有的发展机遇期。

二、我国公共图书馆的分类

（一）公共图书馆的类型

我国的公共图书馆大部分是在省、市、县、乡等地域划分的基础上由政府投资建立的。

在我国，县级以上人民政府应当设立公共图书馆，地方人民政府应当充分利用乡镇（街道）和村（社区）的综合服务设施设立图书室，服务城乡居民。我国公共图书馆的主要分类为：国家图书馆、省级图书馆、市级图书馆、县级图书馆、城市图书馆、音乐图书馆、青年图书馆、医院图书馆、监狱图书馆、工具书图书馆、盲人图书馆、军队图书馆等。

（二）公共图书馆分类的作用

1.确定公共图书馆的工作目标

公共图书馆类型是社会分工日益向专门化方向发展，以满足不同人群的信息需求的产物。在现代公共图书馆的建设中，公共图书馆类型的划分显得尤为重要，对于公共图书馆工作目标的设定具有积极作用。公共图书馆分类可以让公共图书馆的类型更加明确，有助于公共图书馆的长期稳定发展。总的来说，公共图书馆成立的首要任务就是制订相应的工作目标，只有目标确定了，才能推进公共图书馆长期、稳定发展。公共图书馆最重要的功能就是为读者提供一系列的阅读服务，满足读者的阅读需求，这也正是公共图书馆成立的意义所在。当然，有计划地实施公共图书馆分类工作，能够有效地避免众多问题，还能够方便读者阅读。目前的一部分公共图书馆，其工作目标并不是非常明确，其管理体系并不完善，无法为读者提供满意的服务，对公共图书馆的发展造成了不利影响。由此可见，公共图书馆类型划分工作至关重要。

2.加强公共图书馆之间的协作

对公共图书馆进行分类后，各公共图书馆的沟通交流也会随之增加，这有助于加强公共图书馆之间的协作。明确的目标、清晰的分工，使得众多公共图书馆的管理体制有了很大的转变，管理制度逐步趋于多元化、专业化。这不仅调动了公共图书馆工作人员工作的积极性，还使公共图书馆的管理效率有了质的提升，为读者提供了更为优质的服务。

3.突出公共图书馆的服务重点

公共图书馆分类的另一重要作用就是有助于突出公共图书馆的服务重点，有倾向性地上架图书。根据公共图书馆的类型为读者提供相应的服务，可以进一步提升公共图书馆的服务质量。公共图书馆进行类型划分后，各个公共图书馆均会形成各自的服务重点，不同公共图书馆也会相互影响、相互促进。值得注意的是，不同类型的公共图书馆所承担的责任以及提供的服务、面对的读者都会存在一定差异，因此公共图书馆的管理体制和运营体系应当做出相应的调整，冲破传统图书馆管理制度的束缚，开创一条特色化的发展之路。公共图书馆需要明确自身在整个社会中所占据的位置以及影响力，确定明确的目标、具体的发展思路，才能在众多公共图书馆中脱颖而出。

（三）公共图书馆分类的依据

公共图书馆分类是一项非常庞大的工作。在进行公共图书馆分类工作前，需要了解当前公共图书馆的发展状况以及内部结构，比较不同公共图书馆的异同；还要对大量的数据进行整合、分析、处理，最终拟订具体的实施方案以及划分依据。公共图书馆类型的划分依据众多，但最终所制定的标准还是取决于制定者的出发点。下面就几个公共图书馆分类的重要依据展开具体论述。

1.读者的阅读需求

公共图书馆建立的初衷就是满足读者的阅读需求并为读者提供服务，因此，读者的需求应当被列入划分依据。读者才是公共图书馆的核心，没有读者的公共图书馆是毫无意义的。因此，公共图书馆的管理体制和资料体系的制定都需要围绕读者的需求展开。由此可见，读者阅读需求对公共图书馆服务方向有一定的导向作用，影响着公共图书馆的分类。

2. 公共图书馆的资金来源

资金来源是公共图书馆分类的重要依据。根据资金来源，公共图书馆可以分为多种类型。其中，最常见的类型是政府资助的公共图书馆。这些公共图书馆通常由当地政府或中央政府提供资金，以确保公众能够免费或低成本地访问大量的书籍和其他信息资源。这些公共图书馆通常具有大量的藏书和现代化的设施，包括计算机、多媒体设备和互联网等，以满足不同读者的需求。

除了政府资助的公共图书馆外，还有一些公共图书馆是由私人捐赠或基金会资助的。这些公共图书馆通常规模较小，但注重特定领域或主题的收藏。它们可能位于城市中心或偏远地区，为当地居民提供重要的文化和教育资源。

此外，还有一些公共图书馆是由社区组织或志愿者运营的。这些公共图书馆通常依靠社区的支持和志愿者的贡献来维持运营。它们可能位于社区中心，为当地居民提供阅读和学习的场所。

3. 公共图书馆的馆藏类型

不同公共图书馆的馆藏类型不尽相同，每个公共图书馆都会有几本"镇店之宝"，甚至是稀世珍品。公共图书馆可以凭借其特色化、独一无二的藏书来吸引读者的注意，因此，公共图书馆的馆藏类型也是公共图书馆的分类标准之一。

三、公共图书馆的多元化功能

公共图书馆作为社会的重要机构，担负着多种重要的功能，不仅为人们提供阅读资源，还提高了社区的多元性和包容性，文化的多样性、创新性和可持续性。公共图书馆的多元化功能是现代社会不可或缺的一部分，对文化、教育、社交、数字化和科技创新等多个领域都具有积极影响。作为社会的重要机构，公共图书馆应当得到充分的支持和投资，以支持其继续发挥其多元化功能，为社会的发展和进步作出贡献。

（一）促进知识传播和学习

公共图书馆是知识的"仓库"和传播中心，提供各种类型的文献和知识资源，包括书籍、期刊、报纸、电子书、数字档案和多媒体资料。公共图书馆为人们提供了获取信息和知识的机会，无论他们的年龄、教育背景或兴趣如何。

公共图书馆通过提供丰富多样的书籍和阅读活动，鼓励人们养成阅读的习惯。这有助于提高人们的文化素养，促进教育普及，培养人们的批判思维和创造性思维。

公共图书馆提供的学习空间和教育资源，满足了学生和成年人的学习需求。这些学习空间和教育资源包括研究室、多媒体设备、图书馆员的研究支持和学术数据库等。

公共图书馆可以帮助人们提高信息素养，培养人们的信息检索和评估技能，帮助人们更好地利用信息资源。一些公共图书馆还提供职业发展资源，如职业指导、就业信息和创业支持，帮助人们提高了职业技能，同时增加了就业机会。

（二）促进文化和艺术传播

公共图书馆是文化和艺术传播的重要场所，文化和艺术的传播促进了文化多样性和文化交流。公共图书馆提供的文化活动、展览、艺术品展示和文化节等活动，让人们能够亲身体验不同的文化与艺术表达形式。公共图书馆通常会定期举办各种文化活动，如音乐会、讲座、电影放映和文化节。这些活动丰富了人们的文化生活，为他们提供了娱乐和学习的机会。一些公共图书馆拥有丰富的艺术品和文化遗产，通过展示和保护这些宝贵的资源，使人们有机会了解和欣赏不同文化艺术与传统。公共图书馆通过提供不同语言的书籍、举办文化展览和开展多元文化活动，促进文化的多样性发展，为不同文化背景的人们提供了各种支持。公共图书馆还为文学创作提供了支持，鼓励作家、诗人、艺术家和表演者展示他们的作品，并与受众进行互动。

（三）提供社交互动空间

公共图书馆是社会的重要机构，为人们提供了社交互动的场所。它是一个公共空间，吸引了各个年龄段和不同社会背景的读者，促进了社交互动和社区建设。

人们可以在公共图书馆提供的社交空间交流学习。这有助于建立社交网络，减轻人们的孤独感，提高社区的凝聚力。公共图书馆通常会举办各种社交活动，如读书会、座谈会、志愿者项目和教育课程等。这些活动促进了人们的互动和合作，帮助人们更好地生活。一些公共图书馆特别关注并支持特殊群体，如儿童、青少年、老年人和残障人士，为他们提供特定的服务和活动，以满足其特殊需求。

（四）支持数字资源发展和技术创新

随着数字技术的发展，公共图书馆越来越注重数字资源和技术创新，以便满足现代社会的要求。公共图书馆提供的数字资源，如电子书、在线数据库、数字化档案和在线期刊，扩大了知识和信息的可获取范围，使人们能够随时随地访问资源。

公共图书馆帮助人们提高了数字素养，教授人们数字技术的使用和信息安全知识。这有助于人们更好地利用数字资源，提高信息素养，防范网络安全风险。一些公共图书馆鼓励人们创新和创业，提供创业支持、工作坊和创意空间。这有助于人们探索新的创意项目，获取商业机会。

（五）为教育和学术提供支持

公共图书馆是教育的重要支持者，为社会提供了教育资源和学术支持。

公共图书馆为学生提供了空间和学习资源，支持学校课程，帮助学生提高学习能力。公共图书馆为研究人员和学者提供了研究支持，包括文献检索、研究资料和图书馆员的专业知识资料，有助于他们开展研究工作。公共图书馆还为成年人提供了终身学习支持，包括成人教育、技能培训和继续教育，以满足他们不断提升的知识水平和技能需求。

（六）促进公民参与社会和政治活动

公共图书馆是公民参与社会和政治活动的重要场所，积极地促进了公民的知情权、表达权、参与权和监督权的实现。

公共图书馆为人们提供政府文件、法律法规和政治信息，帮助人们了解政府政策和法律。一些公共图书馆举办的公民教育活动可以帮助人们了解他们的权利和责任，参与政治和社会事务。公共图书馆提供的社区信息，如社区新闻、活动通知和社会服务信息，可以帮助居民更好地了解社区动态和资源。

（七）保存文化遗产

公共图书馆起到文化保存和历史记录的作用，能够帮助保存国家的文化遗产。

公共图书馆收藏并保护珍贵的文献、档案、历史文物和文化遗产，可以确保它们被长期保存。公共图书馆保存的历史文献和记录，可以帮助人们研究和了解社区和国家的历史。

公共图书馆收藏的具有特殊价值或意义的文献资料，包括历史档案、珍贵图书手稿、照片、录音、录像等，是文化传承的重要载体，能够保存和传承人类文明和智慧的结晶。

第三节 公共图书馆服务

一、公共图书馆服务的内容

公共图书馆服务和一般服务行业有许多相同之处，比如，其服务口号都是"服务至上，一切为了顾客（读者）"，都要与不同类型的人面对面地打交道，都存在服务态度、服务质量及在服务过程中化解冲突的问题。然而，公共图书馆服务又的确有着自己独特的服务内容。参考一般服务行业的观点，我们可以将公共图书馆服务的内容划分为三个层面：职能服务、心理服务和管理服务。

（一）职能服务

职能服务是某一服务行业或部门所特有的服务，是区别于其他行业或部门的独特功能。比如，饭店的职能服务是让顾客吃饱、吃好，理发店的职能服务是理发、美发，而公共图书馆的职能服务就是让读者获得所需要的文献信息，并能够在安静舒适的环境里阅读、学习和研究。公共图书馆职能服务，按其服务中所依托的重点不同可分为依托文献资源开展的服务、依托人才资源开展的服务和依托建筑设备开展的服务。

（二）心理服务

任何一个服务行业都需要提供心理服务。随着社会发展，当人们的温饱、物质需求基本得到满足后，心理服务便成为一种需求，因而，许多行业都把心理服务摆到了服务内容之中。心理服务是在人与人之间的服务交往中实现的。在公共图书馆中,当一个读者询问工作人员关于一本书或一条信息的情况时,"能不能查到"就属于功能服务的问题,而"工作人员是不是主动热情、有礼貌,让读者感到被尊重且高兴、满意"则是心理服务的问题。心理服务在公共图书馆服务中有着不容忽视的作用,它体现了公共图书馆员工的精神面貌和思想素质,是使读者满意而归的基本保证。

(三)管理服务

管理服务具有两方面含义:一方面,公共图书馆有着庞大的读者队伍,读者的文化水平、思想素养各不相同,因此公共图书馆要制定相关措施来规范读者的行为,以确保公共图书馆的馆藏资源、设施设备的安全及有效使用。另一方面,公共图书馆员工队伍知识水平、职业素养等也参差不齐。为了保证公共图书馆各项工作科学、有序地开展,公共图书馆各项服务落实到位、保质保量,公共图书馆就需要制定一系列管理制度来约束员工的行为。这两种管理都是从维护广大读者利益出发的服务行为,因而可以称其为管理服务。

二、公共图书馆服务的本质与特点

(一)公共图书馆服务的本质

在现代社会,公共图书馆服务是一种有着丰富内容和重要意义的工作。它是公共图书馆工作的重要组成部分,是公共图书馆这个组织联系社会与读者的桥梁,是公共图书馆工作的最终价值体现,是公共图书馆工作的出发点和最终目的，也是公共图书馆为社会的物质文明、政治文明和精神文明建设作出应有贡献的主要途径和手段。

现代公共图书馆服务具有几个共同的结构因素：首先，公共图书馆的服务对象是以读者为主体的社会各种组织和个人组成的群体；其次，公共图书馆资源是公共图书馆开展服务的基础条件，包括文献信息资源、人力资源、设施资源，以及其他一切可以为社会和个人所利用的资源；再次，公共图书馆服务以提供文献信息为主，包括其他各种形式的服务；最后，为满足社会和读者需求而采取的各种手段和方式是服务实现的前提条件。因此，综合起来讲，公共图书馆服务就是图书馆为了满足社会和读的文献信息等多方面需求，利用自身的资源，采用多种方法所开展的一系列服务活动。

（二）公共图书馆服务的特点

现代公共图书馆读者服务工作凸显出一些与以往不同的特点，特别是处于网络化的时代，网络技术的发展和应用，使公共图书馆向数字化、网络化和虚拟化发展，导致公共图书馆的传统观念发生变化。随着网络时代的到来，作为人类知识宝库的公共图书馆正在发生着深刻的变化，它不再是保存和利用图书的场所，而逐步发展成人类的知识信息中心。在网络环境下，公共图书馆的地位将大大提高，公共图书馆的服务必将成为公共图书馆建设中最为重要的内容。

网络环境下，公共图书馆服务是一种高效的网络化、数字化服务，是现代信息服务的高级形式，它在服务思维、服务内容、载体形式、服务策略与方式等方面都有别于传统的公共图书馆服务，其主要特点主要表现在以下几个方面：

1. 服务思维的信息化

信息服务思维是开展信息服务工作，确定信息服务策略、方式与模式的准绳和理论基础，是信息服务的灵魂。知识经济的迅速发展以及读者在网络环境下呈现出的对知识的迫切需要，促使公共图书馆必须在知识服务层面上下功夫，有效地收集、组织、存贮信息资源，根据读者的需要对信息资源进行深层次开发，挖掘其中隐含的知识，提供解决问题的方法。信息服务的价值主要体现在其为社会经济发展提供服务的知识含量以及信息的数量上。

2. 服务内容的知识化

服务内容的知识化，是指以读者的需要为目标，将公共图书馆服务的工作重点从文献利用转移到知识运用上。强调信息资源的开发与利用，不仅指为读者提供信息线索及相关文献，更主要的是从复杂的信息资源中获取解决现实问题的知识信息，将这些知识信息融合重组为相应的问题解决方案，并将之投入新的产品、服务或管理机制中。

3. 服务载体的网络化

网络环境以数字化资源为基础，以网络技术为手段，实现了跨越时空的资源共建共享。公共图书馆的馆藏不仅包括各类载体的本地数字信息资源，而且包括大量网上的虚拟数字信息资源。互联网的真正价值就在于：它可以通过四通八达的"信息高速公路"快速传递信息资源；它彻底地改变了传统的信息提供方式和获取方式，将分散于不同载体、不同地理位置的信息资源以数字的形式存贮起来，并通过网络相互连接，真正实现了信息资源共享；读者可以根据自己的需要，自由地访问那些适合自己的信息资源，极大地增加了他们的信息资源拥有量，进而提高了整个社会的信息获取能力。网络化公共图书馆的建设，打破了传统图书馆的封闭服务思维。它通过局域网和互联网实现了各种数据库资源的共享。通过网络资源的共享，公共图书馆的服务范围在不断扩大，形成了服务的无区域化。无论是在国内还是国外，这种变化趋势的进程都在加快。目前我国大多数公共图书馆已经联网，这种变化的最终目标是：摆脱"图书馆仅为特定读者群体服务"的思想束缚，面向社会开放；开展多种形式、多种渠道的信息服务，满足社会对信息的需求；更好地为社会各界服务，形成"大图书馆服务于大社会"的氛围。

4.服务方式的多元化

网络环境下，数字文献的服务实现了网络化，读者可以通过网络同时进行访问、检索和下载，如利用数据库开展定题服务、课题查询或追溯服务等，都是数字图书馆为读者提供服务的重要方式。公共图书馆在网上发布各种文献资源的消息，不断地向读者提供其所需要的信息和知识，读者可以在任何一个地方通过终端以联网的方式查找所需要的信息。数字信息的检索技术不再单纯地采用传统公共图书馆中惯用的关键词及逻辑组合的方式，而是可以通过智能式人机交互方式来检索信息。公共图书馆利用互联网上的虚拟信息开展的信息服务主要包括：利用互联网上的各类网站和搜索引擎按学科或专题建立网上学科导航站或学科指引库，并存放于某一网页，引导读者浏览或检索相关信息；利用互联网上的各类网站和搜索引擎按学科或专题搜集、下载、筛选、分析、重组、整合以建立专题数据库，然后向特定的读者提供服务，而读者可以通过自己的语言不断地与系统进行交互，逐步缩小搜索范围，最终获取自己所需要的文献资料。

5. 服务中心的人性化

这一转变主要体现为公共图书馆管理上的人性化，即公共图书馆在注重信息服务的同时，开始注重对人文环境的建设。在信息服务方面，在提供传统图书借阅服务的同时，重点加强网络建设，突破公共图书馆的时空限制，延长服务时间，拓展服务空间，为各类读者获取信息提供快捷、方便的服务；加强信息的收集、加工、组织，提高网络馆藏信息的数量和质量，为读者提供充分、有价值的信息资源。在人文环境建设方面，公共图书馆有效地利用数字化和网络化技术，减少公共图书馆的馆藏空间，相对扩大读者的学习空间，创建舒适的学习环境，提供资料检索、查找、复印、装订等自助式快捷服务，同时建立读者同公共图书馆的有机联系，使读者特别是学生离不开公共图书馆。

6. 服务态度的主动化

服务是公共图书馆的基本宗旨，是公共图书馆的核心功能。网络环境下，公共图书馆的服务已经由传统的被动型服务向主动型服务转变，这种转变已经发展成现代公共图书馆的主要特征之一。这种转变趋势主要表现在以下三个方面：一是公共图书馆的服务方式由信息储藏向信息加工和传递转变，使公共图书馆成为读者获取最新信息和知识的来源。二是主动为科研服务，使公共图书馆成为国内外新学科、新领域、新课题、新动态、新技术成果的跟踪者和信息提供者，发挥信息的时效性，为读者特别是科研人员提供及时、准确的服务。三是主动参与市场竞争。公共图书馆发挥自身的信息优势，改变被动的服务方式，树立市场观念，主动参与市场竞争，根据市场需求，为社会各部门提供各种信息服务。

7.印刷文献与电子文献并存

在北大方正较为妥善地解决了图书电子版权后，其所提供的数以万计的图书正逐渐成为一些公共图书馆的服务内容。现代公共图书馆服务中，文献载体已呈现印刷型与电子型各具优势、并驾齐驱的态势。

8.传统服务与网络服务并重

现在，在坚持传统服务的同时，几乎稍有规模的公共图书馆都有了自己的网页，上海图书馆、广东省立中山图书馆等都先后开展了网络参考咨询服务工作，中国国家图书馆和上海图书馆的网上文献传递工作量也与日俱增。而网上借阅、网上讲座、网上咨询、网上文献提供、网上读者信箱等，已经成为现代公共图书馆中不可或缺的组成部分，它们连接着藏书、读者和馆员，从而使网络服务与传统服务互为补充、等量齐观。

9.突破时间和空间的限制

时间和空间的限制一直是公共图书馆服务中不能实现方便读者的两大障碍。如今，借助信息技术的支撑，公共图书馆已可以向读者提供24小时的全天候服务，服务的范围也已延伸至世界各地。读者与公共图书馆馆员之间从来没有像今天这样"天涯若比邻"，虽远隔千山万水，但如同近在咫尺，即时的咨询问答等服务方式使远距离的感觉不复存在。我们已经可以通过公共图书馆来实现这样的服务愿景：任何读者，在任何时间、任何地点，可以利用网络与任何馆员联系，享受他所希望获得的个性服务。

10.资源无限带来了服务无限

当数字化的技术将传统介质的文献转化为数字信息，并在网络通信技术的帮助下使世界各地的公共图书馆以及其他机构的数字信息连为一体时，人们真正感受到了资源的无限以及由此而产生的公共图书馆服务空间的无限广阔。一些馆藏并不丰富，但善于利用社会各类信息资源的公共图书馆近年来做出了惊人的成绩，如转变了追求馆藏数量及建筑面积的传统思维，使资源共享的思维更加深入人心。

11. 功能拓展带来了服务延伸

当代公共图书馆的发展在其原有的文献典藏、知识交流、文化教育以及智力开发功能的基础上，其终身学校、文化中心、信息枢纽的功能开始显现。虽然这些功能与原有的功能可能有重合的部分，但这些功能却显示出其强大的生命力，使公共图书馆的读者服务不断得到延伸，服务空间不断得到拓展，服务平台不断得到扩大。

12. 读者的个性化服务需求越来越突出

网络技术的发展为自助性读者服务提供了许多途径和服务内容，在这样的服务过程中，读者的自主性得到了张扬，个性化服务需求得到了满足，这种个性化的服务正逐渐成为图书馆界追求的服务新思维。

13. 便捷服务的要求越来越高

方便、快捷是广大读者对公共图书馆服务的基本要求。信息化时代最重要的就是速度。目前，为读者节约时间已成为一种服务思维，如有的公共图书馆提出了为读者提供限时服务，尽可能缩短读者在借阅中的等候时间。另外，许多公共图书馆向读者主动提供个性化的、快速的、高质量的、标准化的和规范化的服务，第一时间为读者提供最新的各类文献和信息。同时，公共图书馆在读者导引、空间布局、文献提供、网上咨询等公共图书馆服务的环节和业务中体现出了效率与质量。

三、公共图书馆服务的主要类型

传统公共图书馆的服务类型主要包括阅览服务、外借服务、参考咨询服务、读者培训服务、报道展览服务等。信息时代，公共图书馆服务类型发生了显著转变，更加注重提供数字化、网络化的服务。

（一）个性化定题服务

定题服务，又称 SDI 服务，即 Selective Dissemination of Information Service，它是一种根据读者需求，一次性或定期不断地将符合读者需求的最新信息传送给读者的服务模式。公共图书馆在全面客观地分析读者的信息需求后，通过信息挖掘、知识发现、智能代理等技术，对各种信息资源进行过滤，为读者提供个性化定题服务。这种方式强调按读者的需要量身定制、跟踪服务，服务过程则根据不同读者的喜好和特点展开。具体包括定期向读者提供新到文献通报、定题选报、定题资料摘编、定题检索等多种服务方式和方法。

（二）学科知识支撑服务

这种方式是将精心选择和管理的学科知识库或知识单元、学科资源导航、专业化的检索工具（如专门的专业搜索引擎）、学科论坛、专业研究、会议动态、专题文献报道等集成一个界面。这样，一方面可以通过提供前台服务及时与学科专家进行沟通，另一方面能够集中力量开展重点学科的信息资源建设。同时，独立的组织建制和学科馆员制度还能够使公共图书馆建立起为特定服务对象长期服务的关系，从而为其提供更为具体的连续性服务。

实践表明，公共图书馆应当积极主动地参与重点学科建设，这既是促进其自身建设发展的需要，也是办出特色、创建品牌形象的需要。通常来说，重点学科的建设一般都有多级专项经费做保障。因此，如何确定重点学科藏书范围、建立重点学科数据库和知识导航系统等将成为许多公共图书馆的重要任务。

（三）数字参考咨询服务

数字参考咨询服务，也称虚拟参考咨询服务、网络参考咨询服务、在线参考咨询服务、电子参考咨询服务，是指公共图书馆以人力资源为媒介、以互联网为基础而提供的信息服务。它借鉴了电子商务中在线客户服务的成熟经验，通过数据库查询、电子邮件、Web表格、在线聊天、共同浏览等形式满足读者的各种信息需求。

开展数字参考咨询服务、为科学研究和管理决策提供知识辅助是现代公共图书馆服务不可或缺的重要组成部分。

（四）虚拟知识平台服务

虚拟知识平台要求资源的全面整合，这些资源包括公共图书馆内外的人才资源、藏书资源和网络资源。只有这样，才能扩大公共图书馆的职能范围，将终身教育、远程教育、素质教育等新思维带入现代公共图书馆中。

作为一个知识平台，公共图书馆可以借鉴网上超市的运作方式和服务策略，将知识资源的采购、加工、管理、服务等有机地结合起来，接受读者的监督和评价，真正从读者需求出发，实现公正、公开和公平的"一站式"公共图书馆系统服务。目前，我国的公共图书馆、高校图书馆都在努力营造虚拟的知识大平台，为读者提供包括中国知网、万方数据等在内的各种知识资源，并接受读者的监督和评价。

四、公共图书馆服务的重要性

（一）服务是公共图书馆的永恒主题

服务是公共图书馆的永恒主题。"把服务作为公共图书馆的办馆宗旨"是指在任何情况下不动摇、不偏离、不取代公共图书馆服务，坚持服务是公共图书馆的终极目标和根本目的。"把服务作为公共图书馆一切工作的出发点和归宿"是指把服务作为贯穿公共图书馆一切工作的主线，始终坚持"面向读者，读者至上，服务第一"。

服务是自图书馆学创立以来业界学者研究的一个老问题，也是常谈不衰的问题，更是公共图书馆人不断探索、不断创新的目的所在。不同的时代、不同的时期赋予了公共图书馆新的思维、新的方法，忽视它、放弃它，公共图书馆事业就失去了可持续发展的动力，公共图书馆学的研究就偏离了主题和方向，公共图书馆人的核心价值就无从实现，公共图书馆学也将被边缘化。

随着现代通信技术、网络技术、信息技术在公共图书馆中的不断应用，发展数字图书馆越来越受到业界的重视，数字化阅读也越来越受读者的青睐，于是有人就认为"发展数字图书馆是现代公共图书馆的工作重心"。而笔者认为，数字图书馆只是现代技术在公共图书馆中的应用，其目的是更好地做好公共图书馆服务，是为公共图书馆服务提供更先进的技术支撑和平台，使公共图书馆服务有更广阔的空间和舞台。可以说，发展数字图书馆是为了更好地进行公共图书馆服务。公共图书馆开办的宗旨是服务，离开了服务，公共图书馆就失去了存在的价值。只有坚持服务，才能推动公共图书馆的全面发展，使之有机地融入社会，与社会建立和谐的、不可分割的关系。

因此，无论时代怎样发展，新技术、新产品带给公共图书馆怎样的变革，服务永远是公共图书馆的永恒主题，其原因有以下三个方面：

首先，公共图书馆是人造系统，不是自然系统，是一种社会现象。它是人类社会根据需要，由人建立的。公共图书馆建立的目的是满足一定社会或一定人群的需求，服务是它的第一属性。人类文明发展到一定程度，产生和积累了许多"记忆"，这些"记忆"就是历史、知识、思想和发明创造。由于人体大脑存储记忆有限，就产生了记录和交流记忆的文字和记载传播记忆的载体，产生了人体之外存储记忆的公共图书馆，并伴随着人类的不断发展进步，成为人类社会活动不可分割的一部分。

其次，公共图书馆是人类知识的宝库和信息资源的存储中心；是一个国家、一个民族的文明窗口和文化发展的标志；是社会的宝贵财富，属于公共财产，为公众所有。因此，公共图书馆有义务、有责任为公众服务。

最后，公共图书馆是公共组织，是开放的，不是封闭的。由于它收藏的图书资料是社会共有的，建立的目的是为一定的社会与群体服务，因此它具有公共性、开放性、教育性、服务性和保存性。它既要为人类社会保存这些图书资料，又要用这些图书资料服务于社会、提高全民族的科学文化水平和国民素质。因此，它要面向全社会开放，被人们充分利用。

（二）服务是一种竞争

服务是公共图书馆的一种生存竞争模式。随着网络技术、信息技术的不断发展，我们必须清楚地意识到，公共图书馆作为信息服务的中介机构正在接受前所未有的挑战。网络作为一种无所不及的信息库，犹如一个偌大的、开放的、无围墙的图书馆。网络让读者有了选择，有了比较，公共图书馆不再是大众获取信息的唯一渠道。

进入21世纪以来，在全球经济一体化的时代背景下，企业的竞争已经由产品及价格的竞争逐渐转移为对客户的争夺。有人这样形容21世纪的社会特征：科学技术日新月异，信息资源铺天盖地，知识经济突飞猛进。在这种环境下，公共图书馆必须适应读者的需求，而服务也成为公共图书馆生存的重要指标。因此，我们必须树立这样一种观念：服务是公共图书馆与读者之间情感交流、信息沟通的平台。集爱心、细心、耐心于一体的全心全意的完美服务是现代公共图书馆的核心竞争力所在。通过服务，可建立起公共图书馆与读者之间的友谊及相互间的信任。这种面对面、心贴心的服务竞争效力是其他任何一种竞争形式都难以做到的。服务是树立品牌的捷径，服务是诚信的表现，服务是竞争优势的体现。

（三）服务是一种品牌

公共图书馆服务也是一种品牌。读者进入公共图书馆，环境是第一视觉。一个公共图书馆的核心竞争力是什么？是服务。公共图书馆完善的服务包括：热情、周到、开放、亲切的借阅服务，准确、迅速的咨询服务，积极、主动的图书馆利用服务，等等。但作为一种品牌，仅有这些还不够，服务的极致在于给人以惊喜，即服务已超出读者的想象和预期的结果，读者因享受到超值的服务而喜出望外。这是一种超附加值的劳动，其核心是"高效＋优质＋个性内涵"。什么是个性化服务？就是在不违反法规和道德的前提下，让读者获得满意和惊喜，其实质就是站在读者的角度为读者着想。

(四)服务是一种文化

公共图书馆文化是指公共图书馆在长期历史发展过程中积淀而成的,维系和推动公共图书馆生存和发展的,由多种要素相互辐射、相互渗透、相互制约的有机综合体。其要素主要有图书馆精神、图书馆价值观、图书馆哲学、图书馆目标、图书馆规章制度、图书馆形象、图书馆环境、图书馆道德规范、图书馆管理方式方法、图书馆活动仪式及图书馆信息服务方式等。它们之间相互交织贯通,凝聚成强大的精神力量,并渗透到公共图书馆工作人员的行为之中,形成一整套具有公共图书馆特色的思维方式、工作态度及行为风格,使公共图书馆不仅可以作为一种组织而存在,而且作为一种精神、一种群体文化辐射于社会的各个方面。

公共图书馆文化实质上就是公共图书馆服务文化。服务文化是一种管理型文化,它是公共图书馆在读者服务工作中形成的理论观念、制度规范、行为准则和组织架构的总和。公共图书馆是人类文明的积淀和智慧的结晶,是收集文化、保存文化、经营文化、生产文化、传递文化的服务平台。在长期的事业发展过程中,公共图书馆逐渐形成和确立了自己的文化,而公共图书馆文化最终是通过公共图书馆服务得以体现的。

(五)公共图书馆服务是一项不断发展的系统工程

公共图书馆服务是一项系统工程,绝不能简单地将其看作借借还还、守阅览室、回复读者咨询,这种看法不全面,更不深刻。我们认为,公共图书馆服务是一项不断发展的系统工程,它包含三个基本要素:一是指导思想。只有有了正确的指导思想,才会有科学的、规范的实践活动。没有思想认识不会有行动,行动是由思想指导的,若认识是错的,行动必然也是错的。思想认识产生于行动之前。二是行动。行动是在一定思想指导下进行的，包括行动的方法、步骤、实践。三是效果。有了行动，必有效益与后果，效益有多有少，后果有好有坏，必须通过一定的方法进行评估。以上三个要素是一个整体，缺一不可。

公共图书馆服务是公共图书馆整体工作链中的一环，且是最重要的一环，其他环节都是为它做铺垫的，是为实现这一目标而存在的。但是，如果离开其他环节，服务也无法实现。

五、提升公共图书馆服务的路径

信息技术迅猛发展证明了信息资源共享、信息服务的网络化已经是不可逆转的潮流。网络环境在给公共图书馆服务工作带来前所未有的机遇的同时也带来了挑战。公共图书馆应抓住这个机会，对信息资源的收集加工、整理服务赋予新的内容和方式。公共图书馆的整体组织、人员安排、业务流程都要不断适应网络环境的要求，传统的服务方式可以利用网络环境来发挥新的效益。

在提供信息服务的过程中，随着知识技术含量的加大，公共图书馆馆员在工作方式、工作价值、工作效率、工作成果等方面必将发生质的变化。

（一）在服务中要融入参考咨询

参考咨询是公共图书馆开展信息服务工作的重要途径。一线馆员不能仅仅停留在借借还还的水平上，而应该将咨询服务工作融入读者服务工作的各个环节，及时为读者答疑解惑，最大限度地满足读者对文献信息的需求。

（二）在服务中要做到换位思考

只有站在读者的角度去思考问题，才能更深切地理解读者的心情；只有想读者之所想，急读者之所急，才能大大提高公共图书馆的服务质量。

（三）在服务中要坚持一视同仁

这里指的是要公平地对待每一位读者，要时刻牢记每个公民都应享有的公平公正的待遇。一线馆员应当区别公民的不同需求，为其平等地提供公共图书馆服务。

（四）在服务中要自觉用心地服务

这里的用心服务包括热心、耐心、爱心和细心：为读者服务要满腔热情（热心）；服务读者要"百问不烦，百答不厌"（耐心）；接待读者要时时处处为读者着想（爱心）；服务读者要把工作做细、做精，让读者在细微之处感受到馆员的真诚服务（细心）。

（五）在服务中要注意交流沟通

馆员可以利用直接为读者服务的机会，了解读者的信息需求及对公共图书馆工作的建议，并在交流中研究其阅读心理和阅读需求，从而提供不同的服务，做好知识中介、信息导航工作；还可以利用定期举办读者座谈会、设立读者意见簿等方式，与读者交流沟通，以便倾听读者意见，提高服务质量。

公共图书馆与读者交流沟通的方式一般有以下几种：面对面交流，主要指在书刊借还过程中馆员与读者的接触和交谈；设立"读者意见箱"，获取读者的建议和意见；问卷调查，通过对流通阅览数据的分类统计，分析读者的意向。公共图书馆通过多种形式与读者进行交流和沟通，对于研究读者阅读心理，把握读者实际需求，增进读者对公共图书馆的了解，提高文献资源的利用率，都起到了一定的促进作用。但是，由于受工作方法和工作手段的限制，公共图书馆与读者交流沟通的范围比较窄，难以做到深入、及时、互动、持久、有效，因而此项工作的效率有待提高。

第二章 公共图书馆空间建设

第一节 公共图书馆空间的设计原则与功能布局

一、公共图书馆空间的设计原则

公共图书馆作为知识和文化的储备中心，其空间设计是至关重要的。好的公共图书馆空间设计不仅可以为读者提供舒适的阅读环境，还可以促进读者获取知识和进行社交活动。公共图书馆空间设计包括空间布局、家具和设施、照明和色彩、声学等方面，还要注意可持续性和安全性等方面，以确保公共图书馆能够满足读者的需求。

（一）空间布局的设计原则

1. 灵活性和可变性原则

公共图书馆的空间应该具有灵活性和可变性，以适应不同的需求和用途。可以使用可移动的家具和隔断，以便根据不同的活动调整空间布局。

2. 合理性原则

公共图书馆的空间划分应该具有合理性，应根据不同的功能划分为不同的区域，如阅读区、学习区、社交区、儿童区等。每个区域应具有明确的标识和功能，以帮助读者更容易地找到所需的资源和服务。一些区域可以设计成多用途的，以充分利用空间。例如，一个会议室可以在非会议时间用作学习区；一个展厅可以用于举办书画展览，也可用于举办少儿诗词大赛。

3. 导向性原则

公共图书馆的布局应该具有明确的导向性，以引导读者在空间中有序移动。可使用标识、标志和地图等，帮助读者找到公共图书馆的不同服务区。

4. 舒适性原则

公共图书馆的空间应该具有舒适性，要提供适当的椅子和桌子，以满足读者的需求。椅子和桌子的高度、宽度和深度应适中，以确保读者阅读时的舒适性。公共图书馆还应提供安静的空间，这些空间可以采用隔断、隔音墙等降低外界对读者的干扰。

5. 节约性原则

公共图书馆的空间设计应有效利用空间，以最大限度地减少浪费。可以采用嵌入式书架、折叠式桌子和多功能家具。

6. 现代化原则

公共图书馆的空间设计应充分利用现代化技术，如智能照明系统、自助服务终端和数字技术，以便为读者提供更多便利。

（二）家具和设施的设计原则

1. 功能性原则

公共图书馆的家具和设施应满足读者的基本需求，如阅读、学习、休息等。阅读桌椅应舒适且适应不同年龄段和身体状况的读者，书架应便于读者查找和取阅图书，同时还应设置适当的休息区，为读者提供舒适的阅读环境。

2. 人性化原则

在设计公共图书馆的家具和设施时，应充分考虑读者的使用习惯和感受。例如，阅读桌椅的高度和角度应适应人体工程学，书架的排列和标识应清晰易懂，照明和通风设施应确保读者在舒适的环境中阅读。

3. 环保性原则

公共图书馆的家具和设施应采用环保材料，减少对环境的影响。同时，设计过程中也应考虑节能和可持续性，如采用节能灯具、绿色建筑材料等，以体现对环境的尊重和关爱。

4. 文化性原则

公共图书馆是传播文化和知识的重要场所，其家具和设施的设计应体现文化内涵和艺术价值。例如，可以在阅读区域设置一些具有地方特色的装饰元素，或者在书架设计中融入传统文化元素，以增强读者的文化认同感和归属感。

（三）照明和色彩的设计原则

1. 充分利用自然光

公共图书馆应最大限度地利用自然光，以减少能源消耗，提高空间的舒适性。可采用落地窗和天窗引入充足的自然光，降低照明成本。

2. 照明设计合理

公共图书馆的照明设计应考虑不同区域的不同需求。例如，阅读区可以使用柔和的灯光，以减轻眼睛疲劳；学习区和社交区可以使用明亮的灯光，以提高工作效率和活动的可见性。公共图书馆应采用节能照明系统，以降低能源消耗。

3.色彩协调

公共图书馆在选择色彩时应考虑到读者的舒适性和心理需求。例如，淡蓝、淡绿和中性色调通常被认为是令人感到舒适和放松的颜色，适合阅读和学习。色彩也可以用来区分不同的区域和功能，提高导向性。公共图书馆的家具、墙壁、地板和天花板的颜色应协调一致，以确保整体风格统一。

（四）隔音性设计原则

1.噪声控制

公共图书馆的声学设计应该考虑到不同区域的不同需求。例如，安静的阅读区应该采用吸音材料，如地毯、软包墙面，以吸音降噪；学习和社交区域可以使用隔音材料，如钢板、隔断墙，以阻挡声音的传播。公共图书馆应制定噪声管理政策，以规定不同区域的噪声水平。这可以通过标志、标识和工作人员的监督来实现。

2.控制特殊区域的音量

公共图书馆提供专门的区域举办讲座、展览、艺术品展示和读者俱乐部等活动，这些区域应采用隔音措施，以避免干扰其他读者。

3.环境音乐舒适

公共图书馆在社交区域可以播放轻柔的环境音乐，以提供愉悦的氛围，但是音量应适度，以该区域读者感到舒适且不影响其他区域读者为宜。

（五）可持续性设计原则

可持续性设计原则是一组旨在促进可持续发展的设计准则，目的是减少对环境资源的消耗、减少废弃物和有毒物质的排放，以提高社会和经济效益。可持续性设计原则在不同领域，如建筑、城市规划、产品设计和交通等方面都起到了关键作用。

1. 资源效率

资源效率是可持续性设计的关键原则之一。这意味着设计应该最大限度地减少对自然资源的消耗，包括减少电、水和材料的使用。资源效率可以通过采用更高效的技术和流程来实现，以及通过减少浪费和损耗来改善。在建筑领域，采用节能技术、使用可再生能源，以及采用可持续建筑材料都是提高资源效率的方式。在产品设计领域，通过采用轻量化设计和循环利用材料，可以减少资源的浪费。

2. 循环经济

循环经济是可持续性设计的另一个重要原则。它强调将废弃物转化为资源，以减少对有限资源的依赖。循环经济的实践包括使用回收和再利用产品材料，延长产品的使用寿命，提高产品的可回收性和可维修性。在产品设计领域，循环经济原则通过采用便于回收的可拆卸的部件、材料标识来实现。在城市规划领域，推动垃圾分类和回收设施的建设，以及提供可持续的废弃物管理系统，都是循环经济的一部分。

3. 生态友好

生态友好设计原则着重考虑生态系统的健康和生物多样性的维护。这意味着设计应该尽量减少对生态系统的破坏，以及减少对野生动植物和其栖息地的干扰。在建筑和城市规划领域，生态友好设计原则可以通过保留自然景观、建立生态走廊、减少城市热岛效应等方式来实现。在产品设计领域，可以通过选择可降解的材料、减少有害化学物质的使用和降低产品的碳足迹来实现生态友好设计原则。

4. 社会公平

可持续性设计原则还要考虑社会公平，确保设计不会对社会群体造成不平等的影响。这包括确保所有人都能够享受设计带来的益处。在城市规划领域，社会公平可以通过提供平等的社会服务、改善住房条件和提高社区的可访问性来实现。在产品设计领域，社会公平可以通过考虑不同读者的需求、提供可访问性功能，以及采用公平的生产和劳工标准来实现。

5. 经济可持续性

经济可持续性是可持续性设计原则的一个关键方面。这意味着设计应该在长期内维持经济健康，不仅要对企业和个人有利，还要对整个社会有益。在建筑领域，经济可持续性可以通过降低建筑和运营成本、提高建筑的市场价值和创造就业机会来实现。在产品设计领域，经济可持续性可以通过提供高质量的产品、创造创新机会和提高品牌价值来实现。

6. 全球视野

全球视野是可持续性设计原则的另一个关键方面。这意味着设计应该考虑到全球范围内的影响，而不应仅仅关注本地问题。在城市规划领域，全球视野可以通过考虑城市对全球气候变化的影响以及城市与其他城市的合作来实现。在产品设计领域，全球视野可以通过考虑产品的生命周期、供应链的可持续性和全球市场机会来实现。

7. 参与和协作

参与和协作是可持续性设计原则的关键组成部分。这意味着设计过程应该包括不同利益相关者的意见和反馈，以便制定更全面、可持续的解决方案。在城市规划领域，参与和协作可以通过开展社区咨询、合作决策和建立多利益相关者伙伴关系来实现。在产品设计领域，可以通过与供应链伙伴、客户和读者进行密切合作，以获得有关产品需求、材料选择和生命周期管理的反馈来实现。

8. 终身学习

终身学习是可持续性设计原则的一个关键方面。这一原则强调设计者和决策者需要不断学习与更新知识，以适应不断变化的环境和技术要求。可持续性的实践和方法在不断改变，因此设计者需要持续关注最新的研究和创新成果。在建筑领域，终身学习包括了解最新的节能技术、建筑材料和设计趋势。在产品设计领域，设计者需要持续学习有关可持续材料和生产方法的信息，以不断改进其产品。

9. 系统思考

系统思考是可持续性设计原则的核心。它要求设计者考虑到所有相关因素，以确保设计不会产生不良影响。这意味着设计者需要综合考虑环境、社会和经济因素，以制定综合的解决方案。在建筑领域，系统思考可以帮助设计者优化建筑的能源效率、舒适性和可持续性，同时确保满足读者需求。在产品设计领域，系统思考可以帮助设计者减少产品的生命周期成本，减少对环境的不利影响，提供更好的读者体验。

10. 适应性

适应性是可持续性设计原则的一个关键要素。这一原则强调设计应该具备适应不断变化的环境和社会需求的能力。可持续性设计不仅是为了满足当前的需求，还要考虑将来的需求。在建筑领域，适应性可以通过弹性设计、可升级的系统和可调整的空间规划来实现。在产品设计领域，适应性可以通过可升级的软件和固件、模块化设计和多功能产品来实现。

这些可持续性设计原则是多领域通用的,可以应用于建筑、城市规划、产品设计、交通规划等各个领域。它们提供了一个综合的框架,帮助设计者和决策者更好地推动创新和促进合作,以实现持续发展。

(六)安全性设计原则

1. 保持紧急出口畅通

公共图书馆应提供带有明确标识的紧急出口,以确保在紧急情况下读者的安全。紧急出口应保持畅通,不受阻碍。

2. 安装防火设施

公共图书馆应安装防火设施,如烟雾报警器、灭火器和自动喷水灭火系统,以提高对火灾的处理能力。

3. 安装安全监控系统

公共图书馆应安装安全监控系统,以监视不同区域的安全情况。这可以预防犯罪和提高读者的安全感。

4. 采取防盗设备

公共图书馆应采取防盗措施,如安全门、安全标签和安全相机,以避免图书和财物的丢失。

5. 制订紧急救援计划

公共图书馆应制订紧急救援计划,以应对不同类型的紧急情况,如火灾、自然灾害和恶劣天气等。

公共图书馆的空间设计原则是满足读者需求、为读者提供愉快的阅读体验和促进读者获取知识。通过对空间布局、家具和设施、照明和色彩、声学和可持续性等方面的设计,公共图书馆可以创造一个多功能、舒适、安全的环境。这有助于提高公共图书馆的吸引力,吸引更多的读者。

二、公共图书馆空间的功能布局

公共图书馆作为知识和文化的"仓库",其空间功能布局对于提供良好的学习和阅读环境至关重要。公共图书馆空间应根据不同读者的需求和使用目的进行精心设计,以确保公共图书馆的不同区域能够充分发挥其作用,满足读者的需求和提供多功能的学习及阅读场所。

(一)阅读区域

1. 静默阅读区

静默阅读区是公共图书馆的核心区域,提供安静的阅读环境。这个区域应提供舒适的座位和适宜的灯光,以满足读者的需要。静默阅读区通常放置书架、桌子、椅子和阅读灯。

2. 学习区

学习区为学生和研究人员提供了专门的空间,用于学习、研究和工作。这些区域设置了长桌、电脑工作站、插座和能调整高度的椅子,以满足不同读者的需求。

3. 儿童区

儿童区是专门为儿童和青少年读者设计的区域。这些区域通常提供儿童图书、玩具、地毯、儿童家具和电脑工作站。儿童区应该有明亮的色彩和有趣的设计,以吸引年轻读者的注意力。

4. 报刊区

这个区域通常提供各种报纸和杂志,摆放报刊架、报刊桌和舒适的座位。读者可以在这里浏览最新的报纸和期刊。

（二）社交区域

1. 休闲区

休闲区为读者提供了放松和社交的环境。这些区域通常设置舒适的沙发、咖啡桌、休息椅和自助咖啡机。读者可以在这里休息、交流和社交。

2. 多媒体区

多媒体区提供了观看电影、听音乐和使用其他多媒体资源的场所。这些区域通常配备大屏幕电视、音响设备和舒适的座位。人们可以在这里观看电影、听音乐等。

3. 会议和研讨区

会议和研讨区提供了举办会议、研讨会和小组讨论的场所。这些区域通常配备会议室、投影设备、白板和舒适的座位。人们可以在这里开展学术和专业活动。

（三）服务区域

1. 服务台

服务台是公共图书馆的信息中心和借还书服务中心。在这里，读者可以咨询公共图书馆资源、借阅图书和寻求帮助。服务台应提供专业的服务，以满足不同读者的需求。

2. 自助服务终端

自助服务终端可以帮助读者自助借阅图书、查询公共图书馆目录、续借图书和支付费用。这些终端可以减轻服务台工作人员的负担，提供更多的便利。

3. 数字资源区

数字资源区域提供了访问数字资源的设备和服务。读者可以在这里使用计算机、互联网和数据库，获取电子书、期刊和在线教育资源。

（四）特殊功能区域

1. 无障碍服务区

公共图书馆应设置无障碍服务区，以确保残障人士和行动不便的人士方便地访问公共图书馆资源。这类区域应配备无障碍设施，包括坡道、扶手、无障碍电梯、残疾人洗手间和特殊设备等，如屏幕阅读器、放大镜、盲文书籍等。

2. 创客空间

创客空间提供了制作、创造和实验的场所。这些区域通常配备3D打印机、编程设备、创客工具和工作台，人们可以在这里进行创新和项目设计。

3. 展览和艺术区

展览和艺术区展示艺术品和特别收藏品的场所。这些区域通常配备展览墙和展示柜等。

（五）安全和监控中心

公共图书馆应设立安全和监控中心，负责监视公共图书馆的安全状况。这个中心可以监视安全摄像头、报警系统和紧急通信设备，以保护读者和财产的安全。

1. 公共图书馆工作室

公共图书馆工作室可以用于编辑、制作多媒体资源，录音和视频制作等活动。这些工作室通常配备专业设备，如音频设备、摄像机、编辑软件和灯光设备。

2. 存储区

存储区用于存放不常使用的图书、档案和收藏品。这些区域通常需要特殊的环境和安全设备,以保护珍贵的文献和物品。

公共图书馆空间的功能布局是满足读者需求、提供多功能学术和文化交流场所的关键。通过对不同区域的规划和设计,公共图书馆可以满足不同读者的需求,为读者提供多样化的文化体验。不同区域的功能布局应考虑到读者的需求、空间的特点和公共图书馆的使命,应具有灵活性和可变性,以适应不断变化的读者需求和使用目的。通过精心设计的功能布局,公共图书馆可以继续发挥其重要作用,为社会提供重要的文化和教育资源。

第二节 公共图书馆空间的人性化设计

在现代社会，公共图书馆已经逐渐从传统的书籍存放地和借阅地演变为传播社会文化、进行学术研究和社交互动的重要场所。公共图书馆的人性化设计变得至关重要，因为这能够确保公共图书馆适应不断变化的社会需求，满足读者的期望，提供更多的价值和服务。

公共图书馆的角色和功能在过去几十年中发生了巨大的变化。过去，公共图书馆主要用于存放和提供书籍、期刊和其他印刷材料。然而，随着数字化技术的迅猛发展，公共图书馆不再仅仅是纸质材料的仓库，而是成为信息和知识的中心。这一演变不仅对公共图书馆的物理空间产生了影响，也对公共图书馆的空间设计提出了新的要求。公共图书馆在空间设计上越来越人性化，主要体现在空间布局的舒适性上。

一、公共图书馆空间布局的舒适性

公共图书馆空间布局的舒适性是确保读者获得良好体验的重要因素之一。

（一）舒适性的概念

舒适性是指人们在特定环境中的感觉和满意度，它涵盖多个方面，包括情感、生理和心理层面。在公共图书馆中，舒适性意味着读者在这个环境中感到放松、愉悦和满意，而不会感到焦虑或不适。舒适的空间布局可以提高读者的满意度，吸引更多的读者，延长他们在图书馆的停留时间，并提高他们的学习、研究及阅读效率。

（二）舒适的公共图书馆空间布局的重要性

1. 吸引读者

舒适的空间布局可以成为吸引读者的亮点，吸引更多读者走进公共图书馆。读者通常更愿意在愉悦的环境中学习、研究或阅读。

2. 提高学习效率

学生和研究人员通常在公共图书馆中进行学习和研究工作。舒适的空间布局可以帮助他们集中精力，提高学习效率。适当的照明、座位和工作空间能提高学习效率。

3. 促进社交互动

公共图书馆不仅是个人学习的场所，还是社交互动的场所。舒适的空间布局可以促进读者之间的互动和合作。社交空间、小组研讨室和合作工作区可以激发读者创意，促进交流。

4. 适应读者的多样性需求

不同年龄和文化背景的读者的需求各不相同，公共图书馆舒适的空间布局可以满足不同读者的需求。

（三）实现公共图书馆空间舒适性的方法

为了打造舒适的公共图书馆空间布局，可以采取以下方法：

1. 灵活的空间规划

公共图书馆的空间规划应该是灵活的，可以提供可移动的家具及多功能区域，以适应不同类型的读者和活动。例如，一个隔间白天用作研究区，晚上可以用作社交活动区。

2. 舒适的座位和工作空间

舒适的座位是公共图书馆的核心要素之一。座位的设计和摆放要充分考虑到人的身体结构和舒适度,以便读者能够长时间坐在那里而不会感到疲劳。此外,座椅还应配备扶手、靠背和可调节的脚撑,以满足不同读者的需求。

公共图书馆的工作空间也是非常重要的。宽敞明亮的工作区域可以让人集中精力,提高学习效率。在设计工作空间时,应考虑到读者的使用需求,提供足够的电源插座和网络接口,以满足各种电子设备的充电需求。此外,工作空间还应配备适量的储物柜、书架和打印机等设施,以方便读者整理资料和获取相关信息。

3. 适当的照明和温度控制

适当的照明是公共图书馆空间布局的重要组成部分。公共图书馆要有合适的照明设备,以确保读者可以清晰地看书和工作。此外,有效的温度控制也很重要,可以确保读者在不同季节感到舒适。

4. 静音区与社交区的划分

公共图书馆要将空间划分为不同类型的区域,包括静音区和社交区。静音区应该提供安静的环境,适合个人学习和研究。社交区则可以用于开展小组讨论和合作活动。

5. 装饰品

公共图书馆的装饰品可以增加空间的舒适感,能激发读者的好奇心。公共图书馆可以使用艺术品、植物、家具来创造令人愉悦的独立空间。

6. 设施的可访问性

公共图书馆必须确保馆内设施对所有人都是可访问的,包括老年人、残障人士和行动不便的人士。此外,方便使用的卫生间和水源也是非常重要的，要确保所有读者都能够方便地使用这些设施。

7.噪声控制

公共图书馆的噪声控制是确保空间舒适性的重要因素。公共图书馆可以提供适当的隔音降噪材料和空间划分方案，以减少噪声的传播。此外，还可以设立特定的静音区，以满足那些需要安静环境的读者。

8.多功能设备和技术支持

公共图书馆应提供多功能设备，如复印机、打印机、扫描仪和电源插座，并确保公共图书馆的网络连接稳定，必要时提供技术支持，帮助读者解决问题。

二、公共图书馆空间人性化设计的原则

为了提供良好的读者体验，公共图书馆可以采用人性化设计原则。人性化设计关注读者的需求、期望和行为，确保公共图书馆的服务和空间能够满足读者的需求。

（一）以读者为中心

以读者为中心的设计原则将读者的需求和期望置于首位。公共图书馆应该积极听取不同年龄和文化背景读者的反馈，了解他们的需求，并根据读者的反馈和行为调整服务和空间设计。

（二）简化与可用性

公共图书馆的服务和空间应该尽量简化，以提高可用性。读者应该能够在公共图书馆轻松地找到所需的信息和资源，而不会受到复杂的环境或程序的阻碍。简化设计也有助于减少读者的困惑和焦虑。

（三）可访问性

可访问性是人性化设计的关键要素，它可以确保所有读者，包括老年人、残障人士等，都能方便地使用公共图书馆的资源和服务。

（四）提供个性化体验

个性化体验涉及根据读者的兴趣、需求和行为提供定制的资源。公共图书馆可以使用技术来分析读者的行为，以便向他们推荐相关的书籍、文章和活动。这种个性化体验有助于提高读者的满意度和忠诚度。

（五）支持社交互动

公共图书馆应该鼓励读者进行社交互动，使读者能够与其他读者和公共图书馆的工作人员进行合作和交流。为此，公共图书馆可以提供社交空间、合作工具和互动活动。社交互动有助于创造一个积极的氛围，使读者感到被支持与鼓励。

（六）持续改进

人性化设计是一个不断演进的过程。公共图书馆应该不断收集读者反馈，评估和改进其服务和空间设计。这可以通过定期读者调查、焦点小组讨论和分析使用数据来实现。

三、公共图书馆空间人性化设计的方法

实施人性化设计需要综合考虑公共图书馆的物理空间、数字资源和服务。

（一）合理的空间规划和布局

空间规划和布局要具有灵活性、舒适性和可访问性。

首先，公共图书馆空间要具备高度灵活性，确保可以适应不同类型的读者和活动。公共图书馆通过提供可移动家具和分隔空间，来适应读者不同的需求。

其次，公共图书馆空间要具备舒适性。公共图书馆要创建舒适的环境，包括舒适的座位、适当的照明和温度控制。考虑到读者的各种需求，可以设置静音区、合作区和社交区等区域。

最后，公共图书馆空间要有可访问性，确保公共图书馆的空间和设施对所有人都是可访问的，包括残障人士。这可以通过设置无障碍入口、电梯、轮椅、辅助听觉和视觉设备等来实现。

（二）数字资源可被轻松访问

公共图书馆要确保数字资源可以在各种设备上轻松访问，包括电脑、平板电脑和智能手机；要提供直观的搜索工具和导航功能，使读者能够轻松找到所需的信息；要使用读者数据分析和机器学习技术来为读者提供个性化的资源推荐。

（三）提供培训和支持服务

公共图书馆要提供培训和支持服务，如培训课程、参考咨询和在线帮助，以帮助读者更好地利用公共图书馆的各种资源；要促进读者之间的社交互动和合作，例如组织研讨会、小组讨论和社交活动；要定期评估和改进公共图书馆的服务，以确保满足读者的需求，这可以通过读者反馈、数据分析和读者研究来实现。

（四）提供技术支持

技术支持主要包括三个方面：提供稳定的网络连接和计算设备，以确保读者可以方便地访问数字资源。提供远程支持，例如在线聊天和电子邮件支持，以帮助读者解决问题和回答疑问。利用技术提供自助服务，例如自动借阅和还书设备，以减轻公共图书馆工作人员的工作负担，让读者更方便地使用资源。

　　舒适的空间布局可以吸引读者，提高读者的学习效率，促进读者开展社交互动，提高读者满意度，适应读者的多样性需求。通过灵活的空间规划、舒适的座位和工作空间、适当的照明和温度、划分静音区和社交区、合适的装饰品、噪声控制，以及多功能设备和技术支持等，公共图书馆可以提高空间布局的舒适性，提高读者的体验和满意度。

第三章 公共图书馆信息服务建设

第一节 信息服务概述

一、信息服务的含义

信息服务从广义的范畴讲,涉及社会生活的诸多领域。狭义的信息服务指对信息收集、加工、存储、传递和提供社会化经营的活动。由于科学的进步,以及各种文献载体和其他大众传媒的日益增多,互联网在日益普及,人们无时无刻不被信息包围着。面对大量无序的信息资源,如何去粗取精、使用户迅速准确地找到所需要的信息是信息服务的本质所在。

现代社会信息服务具有十分丰富的内涵,它可以被理解为以用户的信息需求为依据,围绕用户、面向用户开展的一切服务性活动。当前的信息服务,无论是从内容上、形式上,还是从服务的广度和深度上,都发生了翻天覆地的变化。随着社会的不断进步,信息服务的规模和效益对社会发展的影响将越来越明显。我国的信息服务经过长期的发展,已经形成了一个多层次的,包括科技、经济、文化、新闻、管理等各类信息在内的,面向各类用户,以满足专业人员多方面信息需求为目标的社会服务网络。在整体服务网络中,各类信息服务部门既分工又协调地开展着各具特色的服务工作。

二、信息服务的特征

从综合的角度看,信息服务的特征主要有:①社会性。信息服务的社会性不仅体现在信息社会的产生、传递与利用方面,而且体现在信息服务的社会价值和效益上,并决定了信息服务的社会规范。②知识性。信息服务是一种知识密集型服务,不仅要求服务人员具有综合素质,而且要求用户具备相应的知识储备,用户只有在自身知识与信息相匹配时才能有效地利用信息服务。③关联性。信息、信息用户与信息服务之间存在必然的联系,三者之间的内在联系是组织信息服务的基本依据,也是信息服务组织模式的决定性因素。④时效性。信息服务具有显著的时效性。这是因为,某一事件的信息只有在被及时使用的情况下才具有价值,过时的信息将失去使用价值,甚至会产生负面影响。因此,信息服务中存在信息"生命期"的问题。⑤指向性。任何信息服务都会指向一定的用户和用户活动,正因为如此才产生了信息服务的定向组织模式。⑥伴随性。信息的产生、传递与利用总伴随着用户的主体活动而发生,所以信息服务必须按照用户主体活动的内容、目标和任务进行组织,以便对用户的主体活动有所帮助。⑦公用性。除了某些专门服务于单一用户的信息服务机构外,面向大众的公共信息服务可以同时为多个用户服务,这也是信息服务区别于其他社会化服务的原因之一。⑧控制性。信息服务是一种置于社会控制之下的社会化服务,因此信息服务的开展关系着社会的运行、管理和服务对象的利益,它受国家政策导向和法律的严格约束。

三、信息服务的分类

信息服务的领域十分广泛，不同类型的信息服务构成了信息服务的体系。我们按照不同的分类标准可以对信息服务进行不同的分类。一般来说，基于国内目前的情况，大致可以按照以下标准进行分类：

按信息服务所提供的类型分为实物信息服务（向用户提供产品样本、试验材料等实物，供用户分析、参考、借鉴）、交往信息服务（通过信息发布会等活动向用户提供他们所需要的有关信息）、文献信息服务（根据用户需求为其提供文献，包括传统的印刷型文献和电子文献）、数据服务（向用户提供所需的各种数据供其使用）。

按信息服务所提供的文献信息加工深度分为一次文献服务（向用户提供原始文献或其他信息）、二次文献服务（指将原始文献信息搜集、整理、加工成反映其线索的目录、题录、文摘、索引等中间产物，从而向用户提供查找文献信息线索的一种服务）、三次文献服务（对原始文献信息进行研究，向用户提供文献信息研究结果的一种服务，包括综述文献服务、文献评价服务等）。

按信息服务的内容分为科技信息服务、经济信息服务、法规信息服务、技术经济信息服务、军事信息服务、流通信息服务等。这些信息服务一般按用户的要求开展，具有专业领域明确、形式固定的特点。

按信息服务的方式分为宣传报道服务、文献借阅服务、文献复制服务、文献代译服务、专项委托服务、信息检索服务、咨询服务、研究预测服务等。

按信息服务的手段分为传统信息服务（指通过信息人员的智力劳动所进行的信息服务，如利用检索工具书提供检索服务）、电子信息服务

（指借助计算机和网络系统开展的信息服务）。

按服务对象（用户）结构分为单向信息服务（面向单一用户所进行的针对性很强的服务）、多向信息服务（面向众多用户在一定范围内进行的信息服务）。

按信息服务时间长短分为长期信息服务与即时信息服务。

按信息服务的范围分为内部服务与外部服务。

按信息服务的能动性分为被动信息服务与主动信息服务。

按信息服务收费与否分为无偿信息服务与有偿信息服务。

四、信息服务的内容

信息服务包含以下四个方面的内容：

（一）信息资源开发服务

这是信息服务的基本工作，也是开展信息搜集、加工、标引等各项工作的目的之所在。人类要进步，社会要发展，都必须重视信息资源的开发工作。许多看似没什么价值的原始材料，一经收集、整理和加工，往往会身价倍增，这就是信息资源开发的意义所在。

（二）信息传递与交流服务

交流与传递是信息的重要特征，正因为信息的这一特征，世界各国才能够同时分享科学技术发展带来的胜利果实。信息如果不进行传递与交流也就失去了自身的存在价值，更不能起到应有的作用。

（三）信息加工与发布服务

对于用户来说，不是所有的信息都是可以直接利用的，要做好信息服务，其中一项重要的工作就是对信息进行加工整理，并将加工后的信息予以及时发布，如此才能发挥信息的作用。

（四）信息提供与利用服务

前期的信息搜集与信息加工、整理的目的是将信息提供给用户使用，通过用户对信息的利用，解决用户生产、生活、学习中遇到的问题，进而推动社会的发展和进步。

五、信息服务的要求

（一）信息资源开发的广泛性

信息服务须在充分开发信息资源的基础上进行，只有这样，才能保证提供给用户的信息没有重大遗漏。为此，在信息服务工作中要注重用户需求调研，尽可能全面地了解用户需求。

（二）信息服务的充分性

充分性是指充分利用各种条件和一切可能的设备，组织用户服务工作。同时充分掌握用户需求、工作情况及基本的信息，以确保所提供的信息范围适当、内容完整，并充分满足客户需求。

（三）信息服务的及时性

及时性的含义包括两个方面：一是接待用户要及时；二是所提供的信息要及时，尽可能以最快的速度使用户得到他们所需要的信息。为了实现这一目标，必须保证有畅通的信息获取渠道和用户联系渠道。

(四)信息服务的精练性

信息服务中一个至关重要的问题就是向用户提供的信息要精练,要能解决问题,即向用户提供关键性信息。要达到这个要求,就必须提高信息服务人员的业务素质,必须在信息服务工作中加强信息分析与研究工作,开辟专项服务工作,努力提高专业性信息服务的质量。

(五)信息提供的准确性

准确性是信息服务的最基本要求,不准确的信息对于用户来说不仅无益而且有害,它将导致用户决策失误,造成损失。信息服务的准确性包含两个含义:不仅搜集的信息要准确,而且要避免信息传递中的失真;对信息的判断要准确,做出的结论要正确、可靠。

(六)信息服务收费的合理性

随着市场经济的发展,许多无偿服务已经向有偿服务或部分有偿服务发展,信息服务也不例外。目前,许多信息服务都是有偿的。从用户的角度看,支付服务费用应当确保有一定的投入产出效益。这就要求在服务管理上要有科学性,并在国家政策指导下制定合理的收费标准。

第二节　公共图书馆信息服务的原则

美国图书馆学理论家谢拉曾经说过:"服务,是图书馆的基本宗旨。"服务是贯穿公共图书馆发展的主线。公共图书馆现代化发展的最终目的就是提供更好的服务。公共图书馆是人类文献信息资源的集散地。可以说,公共图书馆提供的服务就是信息服务。

与社会中的其他服务相比,公共图书馆的信息服务有着特定的原则,主要包括四个方面:平等原则、开放原则、人性化原则和满意原则。

一、平等原则

平等原则既是公共图书馆信息服务的首要原则,又是其他原则的基础。平等原则主要体现在以下两个方面:

(一)平等享有权利

平等,是自启蒙运动以来,在人类现代文明中得到普遍认同的理念,是人类社会发展的必然结果。这种伟大的理念在公共图书馆事业中最重要的体现就是为读者提供的平等服务。联合国教育、科学及文化组织(以下简称"联合国教科文组织")与国际图书馆协会联合会(以下简称"国际图联")在1972年修订的《公共图书馆宣言》中就已写明,公共图书馆的大门须向社会上所有成员开放。平等原则是公共图书馆信息服务的最基本原则。

从传统的藏书楼到近现代公共图书馆,公共图书馆的运行机制发生了深刻变化。旧式藏书楼的主要特点是封闭性和使用的局限性，而现代公共图书馆的主要特征则是开放性和使用的平等性。目前，公共图书馆为公众提供文献信息服务已不再被视为一项特权，而是人人享有的权利。根据我国的有关法律和公共图书馆的实际情况，公共图书馆读者应享有的权利至少包括以下几个方面：①平等享有取得读者资格的权利；②平等享有阅读的权利；③平等享有个人人格和隐私不受侵犯的权利；④平等享有提出咨询问题的权利；⑤平等享有参与和监督公共图书馆管理的权利；⑥平等享有遵守公共图书馆规章制度的权利和义务；⑦平等享有提出合理化建议的权利；⑧平等享有接受安全、卫生等辅助性服务的权利；⑨平等享有对公共图书馆工作进行评价的权利；⑩平等享有当自己的合法权益受到侵害时提出理赔或诉讼的权利。世界近现代图书馆的历史，也是公共图书馆逐步走向公共、公开、共享的发展史。公共图书馆实现公共、公开、共享的发展过程，实际上是公共图书馆读者平等利用公共图书馆的权利逐步完善的过程。只有在公共图书馆读者能够充分享有平等利用公共图书馆权利的前提条件下，公共图书馆的信息服务才真正具有意义。

（二）平等享有机会

平等原则不仅是国际组织在各种宣言、声明中大力倡导的原则，也是各国立法工作力求保障的原则。它作为公共图书馆信息服务的基本原则，是一种形式平等与实质平等相结合的内涵丰富的平等：一方面，公共图书馆应该保障读者拥有平等利用公共图书馆的权利；另一方面，公共图书馆应该为所有读者提供平等利用的机会，不应有任何歧视。联合国教科文组织与国际图联在其公布的《公共图书馆宣言（1994）》中强调,每一个人都有平等享受公共图书馆服务的权利,而不受年龄、种族、性别、国籍、语言或社会地位的限制。对因故不能享有常规服务和资料的读者,例如少数民族读者、残疾读者、医院病人或监狱囚犯,必须向其提供特殊服务和资料。这清楚地表明,公共图书馆服务的平等不仅要求形式上的平等,更要求实质上的平等;不仅要求杜绝歧视,更要求通过积极的服务,弥补读者自身能力的客观差异。

目前,世界上已有60多个国家和地区先后制定了逾250部公共图书馆法规,其中均强调或申明以"提供平等服务、保障知识自由"作为现代公共图书馆服务的重要理念。公共图书馆要保障读者享有平等利用公共图书馆的权利和机会,就必须坚持其公共性和公益性,否则就会背离人类社会的基本价值观和公共图书馆的发展方向。当然,公共图书馆平等原则的实现程度需要与经济发展相适应,与社会主流道德观念相适应,否则也会无法操作。

二、开放原则

随着人类社会文明程度和人们对公共图书馆的需求的提高,以及科学技术的发展,公共图书馆从封闭到局部开放再到全面开放,经历了漫长的转变过程。开放服务已成为现代公共图书馆的重要特征。开放原则是公共图书馆的关键性原则,是其他几项原则的基础。它体现的是现代公共图书馆服务的基本方向,主要包括以下内容:

(一)资源及设施的开放

第一,公共图书馆应该向读者开放所有的馆藏资源(包括实体馆藏和虚拟馆藏),读者可以自由地选择、利用公共图书馆的资源;公共图书馆不应人为地划分读者等级，限制使用内容。第二，公共图书馆应该向读者开放所有的馆内设施，读者可以根据需要自由地选择、使用公共图书馆的设施和场地；公共图书馆不应人为地划分区域，限制读者出入。第三，为了切实实现公共图书馆的开放原则，应积极做好有关馆藏布局、设施利用、路径标引、新书报道等宣传工作，并建立健全检索查询系统，为读者自由地选择、利用公共图书馆创造条件。

（二）时间的开放

公共图书馆应该最大限度地延长开馆时间，为读者利用公共图书馆的各项信息服务提供时间上的保证，努力做到节假日和公休日不闭馆，以及馆内开展任何公务活动都不影响公共图书馆正常开馆，保证开馆时间的完整性或连续性。尤其在先进的计算机技术、网络通信技术的支持下，网上图书馆应该保证24小时开放，使读者在任何时间都可以利用公共图书馆的信息资源。

（三）人员的开放

公共图书馆应该向所有人开放，无论读者的国籍、种族、年龄、地位如何。专门类别的公共图书馆应该在保证履行其特定职能的前提下，向社会读者开放。这是因为公共图书馆不仅仅是一个阅读场所，也是人们提高文化修养、提高欣赏水平和增长见识的场所，是具有综合功能的社会文化中心。正如荷兰鹿特丹市立图书馆馆长舒茨先生所说："不少读者来到图书馆，并不一定是为了看某一特定的东西，也许只是随便浏览一下，看看有什么值得一看的东西，或者只是来会会老朋友。他们把图书馆当成了第二起居室。"公共图书馆能够向社会上所有的人开放无疑是其最具魅力之处。

（四）馆务公开

公共图书馆应该把涉及读者利用公共图书馆信息服务的有关制度、规定、决策等向读者公开。这是公共图书馆决策民主化的需要，也是公共图书馆信息服务取信于读者的需要。实行馆务公开要做好以下几方面工作：①制定馆务公开制度。对需要公开的事项、时间、方式等做出明确规定，并使其制度化。②建立读者参与管理和决策机制。凡是与读者利益相关的重大决策都应事先征求读者的意见，并尽可能地让读者直接参与决策过程。为此，应设立"读者监督委员会"之类的非常设机构。③公开读者监督途径。如公开读者监督电话（首先应公开馆长办公电话），设立读者意见箱，公布领导接待读者日等。④公开接受读者评价。公共图书馆信息服务工作的优劣应由读者来评价，读者是否满意是衡量公共图书馆信息服务工作质量的主要标准。

（五）合理利用公共图书馆

公共图书馆开放原则必须在确保国家利益和读者利益的原则下实施。向读者开放、自由地利用公共图书馆必须以合法利用和合理利用为基本前提。第一，公共图书馆在向读者提供信息服务的过程中必须遵守国家的法律制度，自觉维护国家利益，抵制各种违法犯罪行为；读者在开放的条件下利用公共图书馆的过程也必须遵守国家的法律法规，不损害国家利益，不危害信息安全，不发生违规行为。第二，公共图书馆应自觉保护读者利用信息服务的隐私权，如不泄露读者身份；读者也应该尊重其他读者的隐私权。第三，公共图书馆在提供信息服务的过程中应充分尊重和保护知识产权，自觉抵制盗版资源和盗用信息资源的行为；

读者在利用信息资源的过程中也应充分尊重和保护知识产权，不违规复制、恶意下载和滥用信息资源。

三、人性化原则

"以人为本"一直是公共图书馆信息服务的基点，是现代公共图书馆信息服务的内在品质。人性化原则就是要以满足人的需要、实现人的价值、追求人的发展、充满人文关怀、体现美与和谐的形式来开展公共图书馆的各项活动。公共图书馆信息服务的人性化原则主要体现在环境的人性化、资源组织的人性化、技术及设施的人性化、服务的人性化等方面，一切以方便读者利用公共图书馆为目的。

（一）环境的人性化

营造一个人性化的阅读环境是提高公共图书馆信息服务质量的基础条件。公共图书馆环境包括公共图书馆的外部环境和内部环境。公共图书馆的外部环境主要指公共图书馆的馆舍位置、公共图书馆建筑设计和周围的自然环境布局。在现今社会，网络普及，公共图书馆馆舍位置与读者之间的距离问题已不再重要，但是网络环境再发达也不可能取代公共图书馆建筑。亲身到公共图书馆里享受恬静、舒适的氛围及惬意的时光，是网络环境所不能提供的。因此，公共图书馆馆舍位置的选择应在客观条件允许的情况下，尽可能靠近其主流读者群，即以方便主流读者群为前提。美国学者 M.E. 索普通过调查研究得出：一个信息源在物理距离上越易接近，其被利用的可能性就越大。可见，公共图书馆的地理位置是否方便读者到达，是影响其利用率的重要因素。此外，在建筑设计上也应体现人性化原则,如建筑结构合理、方便读者使用以及充满人文特色的外观等,都会营造一种浓郁的文化氛围,吸引读者前往。当然,公共图书馆周围和谐、自然、优美的环境布局也很重要,宁静、幽雅的环境能够让读者流连忘返。公共图书馆的内部环境需要具有亲和力的装修,如清洁的功能设施,清新、和谐的色彩搭配等,为读者营造一个明快、幽雅、整洁的阅读环境,以达到用文化知识陶冶读者情操、净化读者心灵、感染读者情绪的目的。公共图书馆的使用设备也应体现人性化,如符合人体力学的阅览桌椅、方便读者取放书刊的书架及报架、配备小范围的研究室、设置方便的上网插口,以及为特殊读者设置的无障碍通道等。总之,营造一个舒适便利、赏心悦目、充满关怀的人文环境,是公共图书馆提供信息服务的必备条件。

(二)资源组织的人性化

公共图书馆是专事收集、组织文献信息资源,并提供给社会成员使用的社会组织。公共图书馆在组织资源时应从人性化的角度出发,一切以方便读者使用为原则来进行。一般要遵循两个原则:一是文献保障原则。要根据公共图书馆的性质和任务及文献资源建设原则,全面收集文献信息资源。二是读者保障原则。要按照读者需求组织信息资源,即按照方便读者检索和利用的原则组织信息资源。例如,在馆藏资源的空间布局上要最大限度地拉近读者与资源之间的时空距离,现在建设的新型公共图书馆在书库和阅览室的设计上多采用大开间格局,藏书和阅览同在一室,改变了封闭式的书库管理模式,改用藏、借、阅、咨一体化管理,以此来缩短读者与藏书之间的空间距离;设立新书展示区域,新书到馆分编、加工后及时展现在读者面前,以此来缩短读者与文献信息资源之间的时间距离；建立健全馆藏信息资源的检索查询系统，力争达到"一检即得"的效果。

（三）技术及设施的人性化

现代信息技术在改善服务条件、提高服务水平等方面发挥了巨大作用，但是技术不能决定一切，更不能代替一切。技术是受人控制并为人所使用的，技术因素只有与人文因素有机地结合在一起，才能真正发挥作用。公共图书馆应该利用先进的技术为读者提供方便快捷的服务，如设计友好的网络读者界面、为读者提供个性化的信息推送服务、开展网络参考咨询服务等。服务设施的人性化体现在多个方面，如在公共图书馆的建筑格局和硬件摆设上充分考虑读者利用的方便性，采用大开间、灵活隔断的开放式格局，各阅览分区用适当高度的家具作为隔断，各主题分区一目了然，体现书中有人、人置书海的意境。公共图书馆还应专门为弱势群体提供方便，如在儿童阅览室配备低矮的阅览桌椅，以方便儿童阅读；本着无障碍的设计理念，对残疾人专门设置设施，提供特别服务，如轮椅通道、伤残读者接待室、专用电梯、阅览专座、专用厕所等，甚至在楼梯扶手上标示特殊的触摸符号，提示盲人读者在何处转弯等。总之，要让读者感到方便无处不在。

（四）服务的人性化

公共图书馆信息服务的人性化，包括服务理念的人性化、服务制度的人性化、服务行为的人性化和服务方式的人性化。在服务理念上应处处体现公共图书馆"为人找书，为书找人"的职业精神，以此构建公共图书馆的形象识别和概念识别体系；在服务制度的制定上应充分相信读者，尊重读者的人格，以激发读者心灵的真善美；在服务行为上应注重行为举止文明礼貌、态度亲切友善，避免使用生硬的惩戒性语言；在服务方式上应灵活多样，以方便读者为目的，从细微处入手，千方百计地减少对读者的限制，关注并满足读者的需求，甚至可以采取深入校区或街区设立分馆，或采取流动图书馆的做法，让公共图书馆尽可能地贴近读者。

四、满意原则

满意原则是公共图书馆信息服务的核心原则及最高原则。读者满意是公共图书馆开展各项工作所要达到的最好效果，是衡量公共图书馆信息服务质量的重要标准，也是现代公共图书馆信息服务的终极目标。目前，测定公共图书馆读者满意程度尚无统一的标准，有的公共图书馆根据本馆设计的标准，采取向读者发放调查问卷的方式进行读者满意度调查；也有的公共图书馆根据美国宾夕法尼亚州立大学的安达利和西蒙兹提出的测量读者满意度的五个命题作为标准，即对公共图书馆资源质量的评价、对公共图书馆工作人员反应敏捷度的评价、对公共图书馆工作人员能力的评价、对公共图书馆工作人员道德行为的评价和对公共图书馆设施的评价。

近年来，在公共图书馆界备受青睐的读者满意（CS）理论，可以说是对公共图书馆信息服务之读者满意原则的较好诠释。公共图书馆CS管理是以读者为导向建立的，以追求读者满意为基本精神，以社会和读者期待为理想目标的管理模式。它包括以下三方面的内容：

（一）公共图书馆理念满意（MS）

公共图书馆理念满意是公共图书馆的办馆宗旨，是管理策略等带给读者的心理满足感。它的核心在于拥有正确的读者观,"一切为了读者满意"是它的精神实质。

(二)公共图书馆行为满意(BS)

公共图书馆行为满意,是指公共图书馆的行为状况带给读者的心理满足状态,是公共图书馆理念满意思想的外部表现形式。它包括行为方式满意、行为规范满意和行为效果满意。公共图书馆工作人员的服务态度是公共图书馆行为是否让读者满意的关键。

(三)公共图书馆视觉满意(VS)

公共图书馆视觉满意,是指公共图书馆所具有的各种可视性的显在形象带给读者的心理满意状态。它包括对公共图书馆一切设施设备的性能及色彩的满意,对工作人员职业形象、业务形象的满意。它传递着公共图书馆的理念,是公共图书馆理念的视觉化形式。

此外,公共图书馆信息服务的满意原则还应该增加创新性内容。公共图书馆的创新性体现的是现代公共图书馆信息服务的可持续发展动力,只有不断的创新才能适应时代的发展和社会的进步。一成不变的服务理念、服务内容和服务方式不可能让读者满意。创新可以从多方面入手,如增强品牌意识。公共图书馆的信息服务也可以创出品牌。品牌化服务突出的是服务的特性与特色。特色馆藏、特色服务、特色活动、特色环境等都能形成公共图书馆特有的品牌。

公共图书馆信息服务也是一种文化。公共图书馆信息服务具有其独特的规范和价值观,这些规范和价值观的总和就是一种文化——公共图书馆文化。公共图书馆特有的知识底蕴、特有的人文环境、特有的行业规范和特有的价值追求,都衬托着公共图书馆信息服务的文化品格。这种文化品格象征着公共图书馆信息服务的高尚与高雅、神圣与光荣。公共图书馆信息服务还是一种获得。公共图书馆开展信息服务是为了获得知识在传递中的增值,是为了获得公众素质提高时的欣喜,是为了获得读者需求被满足后的感动,是为了获得人生价值实现的喜悦。

公共图书馆的创新性还包括服务内容的创新和服务方法的创新。从公共图书馆的发展史不难看出,公共图书馆的发展史就是公共图书馆信息服务内容和方法等方面的创新史。现代公共图书馆的信息服务内容急需拓宽。例如,努力从文献信息服务向知识信息服务转变,以提高公共图书馆信息服务的知识含量,加大网络的信息资源导航力度和参考咨询服务的力度,增加便民服务的内容。

公共图书馆信息服务方式方法的创新可以在提供馆藏文献信息资源外借与内阅服务的同时,增加具有较强智能性、实时性、交互性特征的个性化服务;还可以利用现代网络平台,提供各种数据库服务、知识库服务以及多种在线或离线信息服务,如信息推送、知识发现、网络呼叫、智能代理等。这些新型的服务方式能够使公共图书馆在提供实体馆藏服务的同时提供虚拟馆藏服务,极大地丰富了公共图书馆信息服务的内容,强化了公共图书馆信息服务的能力。

第三节　公共图书馆信息服务建设策略

网络技术的快速发展和普及已经成为现代社会、经济、科技、文化发展的重要组成部分，并深入人们的日常生活。一个数字化、网络化的信息环境正在逐步形成，这必将推动社会文明的发展进程。公共图书馆信息服务是公共图书馆根据读者的需求，收集各种相关信息，并对信息中包含的知识进行整理、分析、综合处理后，以一定的手段和方式提供给读者，以满足读者信息需求的一种服务，是现代公共图书馆工作质量的重要标志。互联网的普及给公共图书馆信息服务带来了新的竞争压力，也必然带来公共图书馆信息服务模式的变革和创新。

一、建立书目利用协作体

书目信息是公共图书馆工作的重要组成部分，是信息服务的重要手段和途径。建立书目利用协作体并提供一个统一的平台，是改变目前公共图书馆的馆藏目录数据库分散和外部利用困难状况的有效途径之一。联机书目检索系统不但能实现信息资源的共建共享，而且可以大大节省读者的机会成本和时间成本。

对于书目信息服务的组织，一要规范服务内容，为本地或远程服务建立一个统一的服务模式。传统公共图书馆的服务模式以藏、借、阅、咨的分离为特征。一般公共图书馆对多种文献类型载体（图书、期刊、电子出版物）采取分别管理的体制，这种管理体制势必造成公共图书馆服务与读者需求之间在某种程度上的脱节，使对同一读者的服务被人为地分割开来，读者无法得到的完整服务。二要在全国加强电子信息的开发与宣传力度。三要实现知识信息服务基础建设与书目信息网络服务的同步发展，从而有效地实现书目信息服务的社会化共享。通过建立我国的集中型书目利用协作体，可以形成一个书目信息的"超级市场"。目前，互联网、局域网、联机检索、光盘检索和各种基于数字信息的系统早已被纳入公共图书馆书目服务工作，读者理应享受到这些新手段所提供的集成化服务。

通过联机公共目录检索系统，可以将网络版的书目数据库与电子全文数据库连接起来，发展成具有集成性的电子服务系统，读者通过同一界面可同时使用书目数据库和电子期刊全文。

另外，公共图书馆要充分利用自身的有利条件，为读者提供高质量的服务，如通过网页介绍本馆的资源特点、机构设置、馆藏文献书目数据库、联机信息检索服务、国内外数据库检索、网络导航、光盘检索、特色信息检索服务、网络教室、链接其他虚拟图书馆等，借助各公共图书馆网站的远程咨询服务功能，通过上网实现公共图书馆的整体协作，实现资源共享、发挥最大效益的目的。

二、建立健全文献传送系统

文献传送系统是利用文献传递服务弥补各信息服务机构与公共图书馆馆藏文献不足，实现真正意义上的资源共享的有力保障。它把文献搜索、文献传递、参考咨询等多种功能集为一体，以海量的文献资源为基础，为读者提供切入目录和全文的深度检索，以及部分文献的全文试读。

读者可以通过阅读文献的部分章节来判断自己需要文献与否，再通过文献传递来获取他们想要的资源，实现真正意义上的知识搜索。目前，国内不少公共图书馆已经开展了为读者提供本馆以外的原文文献复制和文献传递业务。部分公共图书馆馆际互借和文献传递服务已经全面实现系统化管理。建立健全文献传递系统，实现互联互通、资源共享是公共图书馆信息服务的模式之一。

三、发展网络信息服务

在数字化、网络化的21世纪，公共图书馆大力发展网络信息服务将是大势所趋，也是公共图书馆信息服务的主要模式。从20世纪90年代初开始，互联网进入了全盛的发展时期，时至今日，互联网已不仅仅应用于军事、科教领域，它已变成一个巨大的商业贸易网、文化娱乐网、出版发行网、广告网和新闻网等。互联网不但可以提供丰富的文字信息，还能提供生动的图形、图像、动画、音频、视频等多媒体信息。凭借着这些海量的信息资源，互联网堪称全球的信息超级市场。随着世界经济和科学技术水平的提高，网络信息传输日益朝着方便、安全、快捷和廉价的方向发展，而这正是读者所希望和要求的。因此，网络信息服务是现代公共图书馆信息服务的主要模式。

四、深层次开发信息资源，做好信息服务的核心工作

从读者需求出发，采取多种形式，通过多种渠道，积极主动地开展深层次的信息服务是现代公共图书馆生存和发展的基础，也是提高公共图书馆社会效益和经济效益的重要手段。在信息社会中，各类信息网络

和信息服务机构不断增多,公共图书馆以其丰富的资源、先进的技术设备和人才优势以及长期的服务经验优于其他的网络公司和信息机构。与此同时,公共图书馆首先应注意对系统化知识信息进行整合、加工,如资源通报、查询检索服务、情报研究、咨询报告、二次文献开发、建立专题数据库等。其次,应利用公共图书馆丰富的信息资源优势和专业技术特色,开发具有预测性的信息产品,及时了解各个学科领域的最新研究成果与研究动态,从而预测学科的发展方向,帮助读者掌握科学发展的总体趋势和动态变化。最后,应主动与专业领域相关的政府机构、社会团体、企事业单位、科研单位建立联系,通过有偿服务,实现优势互补,在积极开展信息服务的同时,不断提高自身知识生产的能力,使公共图书馆信息服务由低层次向高层次发展。

第四节　公共图书馆信息资源的共建共享

随着社会的发展，人们对信息资源的需求越来越迫切，仅凭一馆之力已不能满足大众的需求。面对挑战，唯一可选择的道路就是逐步由微观的馆藏资源建设转向宏观的文献资源建设，在统筹安排、分工合作的前提下，形成信息资源分布合理、利用率高的协作网络，以实现信息资源的社会共享。

就公共图书情报工作的现状来看，在全国范围内建立一个统一的、大型的文献资源共享体系是不现实的，而在一定的领域内建立地区性文献资源共享是可行的。公共图书馆的馆藏、目录、人员、馆舍、设备等都是资源，只有多个公共图书馆通过各种合作手段使用这些资源，即馆际联合与资源共享，效益才能增大。

要想迅速建立高速运转的协作网络，各馆的主要领导要解放思想，破除陈旧的观念，树立大网络、大协作的新观念。只有敢于做出局部的牺牲，才能求得全面的发展。在此基础上，要再做一些技术细节上的要求和建立统一管理系统，以处理馆际协作过程中遇到的各种问题。

在建立协作网络的问题上，市级馆应承担全市藏书协作中心的任务，即作为地区性公共图书馆网络的核心馆；而专业馆可由实力雄厚、专业性强的公共图书馆承担；专业分馆由特色藏书突出的科研机构公共图书馆承担，即形成核心馆—专业馆—专业分馆的发展模式。

地区公共图书馆协作网络建立起来以后，因其藏书丰富，就近就地服务方便，收效也更为直接，所以是可以首先考虑的。然后在此基础上再逐渐向外扩展，同别的省、市、区协作并网，谋求更大发展。

要想迅速建立高速运转的协作网络，各馆必须建立起协调作用的，有权威、跨系统的领导机构。例如学会的理事会，在这种权威机构的领导下，通过充分协商，确定地区性公共图书馆网络化建设的基本方针和远景规划，制定协作条例和工作细则，在大家共同遵守的基础上，用有约束力的协议和法规，统筹地区公共图书馆资源的布局、分配和使用，保证共享的实现。

目前，根据现有条件可在这一思路的构建下做好以下几项工作：

第一，在成员馆中，有一些不属于本馆收藏范围或不对口的图书资料及复本，以及在本馆一般无使用价值或使用价值不多，但对某些成员馆却大有价值的图书资料及复本。对于这类图书资料及复本，可以通过调拨或转让的方式，把这些图书资料及复本提供给需要的图书馆，使其重新获得读者。这也是实现资源共享的一条有效途径。

第二，在协调机构的具体分工协调下开展协作采购，既解决了经费不足、文献品种少、藏书数量下降的问题，又避免了过去由于条块分割、贪大求全而造成的文献采集重复，使藏非所用或不多用的问题得到较好解决。

第三，在订购协调的基础上，进一步的工作便是编制联合目录。在各协作馆之间，根据具体情况，发放适量的通用借书证，开展公共读者服务工作，使各成员馆在经费有限的情况下为更多的读者提供服务。

在市场经济条件下，还应本着互惠互利的原则建立无偿与有偿兼有的双层共享模式，支持借出馆对借出文献的附加处理收取一定的费用，如邮费、复制费等。这样一方面可调动借出馆的工作积极性，另一方面可降低借入馆不负责任随便借阅的可能性。

第四，"百闻不如一见"，在不影响工作的情况下，公共图书馆之间的互访活动也是交流协作的重要内容。互访活动包括学术研究访问和工作访问，即公共图书馆工作者可以通过参观、报告、座谈、讨论等，增长见识，结识外馆同行，了解社会，从而增强公共图书馆工作者为公共图书馆事业作贡献的信心。但仅仅停留在走马观花式的听、传、记上还达不到预期的学习目的，应用互换的方式深入了解对方的一些经验、教训，做到知己知彼，并同自身的实际情况有效地结合起来，取得更好的效果。

互换的方式可以在两馆或多馆间进行，也可以同岗互换，但不一定是对等互换，且时间可长可短。总之，互换的目的是加强合作、建立友谊、促进工作，而不是做买卖。

综上所述，加速扩大公共图书馆间的合作交流，把有限的人力、物力、财力用在刀刃上，避免馆际之间无谓的重复劳动，使所有协作馆成为开放的"大学"，让其社会功能得到充分发挥，是大势所趋。

第四章　公共图书馆读者服务建设

第一节　公共图书馆读者服务工作存在的问题及改进策略

作为社会主要信息服务的场所，随着计算机技术、通信技术、网络技术、数字信息技术以及其他相关技术的发展，公共图书馆正向着电子化、数字化、虚拟化的方向迈进。在竞争激烈和快速变化的环境下，公共图书馆要改变传统的服务方式、方法及手段，不断提高读者服务工作的质量和水平。

读者服务工作是公共图书馆的日常工作，是公共图书馆的基本职能，也是公共图书馆赖以生存的基础。公共图书馆的一切工作，归根结底就是为读者提供信息服务。除了利用先进的技术和馆藏资源等常用工具，通过完备的网络通信设施，为读者提供有用的信息资源外，更主要的是必须树立新的服务观念，主动了解读者的需要，及时满足读者的需求。在激烈的信息竞争中，公共图书馆只有把全心全意为读者服务作为最高宗旨，把工作的重点从藏书转向读者，把"吸引读者，争取读者"作为重要策略，不断及时地研究读者需求，才能在信息市场中立于不败之地。所以，做好读者服务工作是公共图书馆生存与发展的客观要求，也是社会发展的需要，同时是公共图书馆一切工作的出发点和归宿。

一、公共图书馆读者服务工作存在的问题

一个公共图书馆办得好不好，其办馆效益、社会价值如何，主要看读者对公共图书馆服务项目和服务标准的满意程度，以及读者对公共图书馆人员的服务水平的认可程度。公共图书馆的服务工作都以满足读者需求为最终目的，以读者满意为宗旨，以讲求实效为准绳。随着文献信息的大量增加，读者对公共图书馆的服务工作提出了更高的要求。在最短的时间内，如何高质量地为读者提供更直接的文献信息，是当前公共图书馆工作开展面临的问题之一。

（一）公共图书馆管理制度不完善，馆员专业知识不足

要为读者提供优质的服务，公共图书馆必须拥有一批经验丰富，有较强的组织信息、应用信息技术能力的专业人才。他们不仅要有丰富的收集和组织文献的实践经验，而且能开发各种层次的信息产品，开展不同的服务项目。而现行的公共图书馆体制只有管理权，没有人事任免权，这就造成了公共图书馆专业人才的缺乏。由于公共图书馆的规章制度不够完善，馆长和部室主任的任免制度不完善，工作人员的工作职责不完善，人才发展和继续教育不完善，实际工作效率的奖惩制度不完善，导致公共图书馆在运营过程中存在一些问题。工作人员对公共图书馆发展情况认识不够，没有树立新观念，满足于现状，从而使大量的信息资源在手中流过。加上工作人员年龄、职称、性格、性别、学历等结构不合理配置，使得每个人的工作心理和个人需求有所差异，因而对某一项工作不能达成共识，不能齐心协力、通力协作。而那些有精深的专业知识的工作人员在实际工作中难以施展才华，仅仅局限在借借还还的操作上，

没有时间和精力去做深层次的文献开发和信息服务工作，严重地挫伤了他们的积极性，使他们丧失了主动进取的精神。对于不属于自己工作范围的问题常常抱着一种"多一事不如少一事"的态度，以"不知道、不清楚"或"去问办公室"等应付读者，大家互相推诿，使服务质量难以提高。

（二）经费不足，现代管理设备落后，购书量减少

随着大量联机数据库的出现、电子刊物的出版和传统馆藏的数字化转换，电子信息资源将成为信息时代公共图书馆文献信息资源的主体。由于现代化文献信息的数量急剧增长，内容重复交叉，类型复杂多样，因此仅用传统的手工检索方式已远远不能满足广、快、精、准地搜集、整理、加工、存贮和检索文献信息的要求。利用计算机检索、光盘检索和网络检索等先进的检索方式，尤其是检索网络信息，对读者来说至关重要。所以公共图书馆读者服务的内容也应逐渐从提高传统印刷型馆藏向提供多元化、电子化的信息领域及深层次的信息服务发展。由于经费不足，无法购置现代办公设备和进行网络建设，导致公共图书馆联机公共目录根本不能提供文献资源共享，读者也不能得到所需的信息。近年来书刊价格的增长，使公共图书馆的书刊订购品种与数量大量缩减，限制了读者对文献资源的需求。

（三）文献信息开发及服务工作薄弱，文献信息资源利用率较低

由于传统的公共图书馆工作以藏书为中心，公共图书馆馆藏的布局和规模制约着读者服务工作的范围和水平，而公共图书馆管理受传统思想观念的束缚，重"藏"轻"用"，现代意识淡薄，缺乏创新思想，开

放观念滞后。公共图书馆没有把信息服务工作面向社会开放，没有找到合适的市场，无法满足读者的需求，也无法使公共图书馆获得新的活力，增强社会效益和经济效益。公共图书馆是一个文化和教育的阵地，也是一个信息集成地，应该向读者提供多元化信息服务。目前，许多公共图书馆主要是开展以半开架式书刊借阅为主，开展电子阅览室的计算机书目检索、电子出版物阅览及上网服务，较少开展馆际互借服务，并且各自为政，处于封闭服务状态。这种情况造成文献信息资源利用率较低、大量有特色的文献闲置与文献资源缺乏并存的局面。由于缺乏专业人才，公共图书馆无法开展对文献的进一步开发。

（四）宣传力度不够，难以被读者利用

公共图书馆是搜集、整理、收藏图书资料以供人阅读、参考的机构，担负着引导人、教育人、塑造人的重任。树立公共图书馆品牌形象，可以增强公共图书馆服务的主动性和自觉性，强化读者对公共图书馆功能的认识。但由于公共图书馆只停在借借还还的工作层次上，没有以独特鲜明的形象吸引公众注意，很少对社会宣传、包装和推荐自己，信息咨询服务功能不齐全，与读者之间的沟通反馈渠道不健全、不通畅，在社会上没有影响力、号召力，影响了公共图书馆的形象。

二、公共图书馆改进读者服务工作的策略

针对上述存在的问题，目前公共图书馆的读者服务工作应采取以下几方面的改进策略：

（一）开展调查咨询活动

公共图书馆一方面要竭诚为读者服务；另一方面要充分开发利用读者的智力资源，以读者的优势激活自身发展，这不仅能得到公众的建议及各种良好的社会效益，提高服务能力，也可以与社会各个机构和公众形成良性互动机制，树立公共图书馆的品牌。所以公共图书馆要通过深入读者群，深入基层，直接架设公共图书馆与广大读者沟通的桥梁，加强与读者的交流，把读者反映的各种矛盾、问题，通过收集整理调研、综合分析、归纳形成改革方案，反馈给各部门，以此作为纠正以后服务行为的基础，从而达到提高服务质量的目的，推动各个环节工作的深入开展。例如，通过实地调查、问卷调查、馆内调查、网上调查等各种活动调查征询、采集信息、把握读者需求，广泛了解读者对公共图书馆的认识，收集读者对公共图书馆的反映信息，为公共图书馆提供决策、切实优化服务行为、建立良好的形象提供根据，从而有效地协调公共图书馆与读者的供需关系，塑造和传播公共图书馆的形象。

（二）开展特色服务项目

公共图书馆已不再是旧式的"藏书馆"，而是一个极具有魅力的正在被开发利用的文献信息中心。特色服务就是服务创新，即要实现服务读者诸方面的优化组合，在服务项目或服务产品上创立名优品牌，以质量取信于读者。主要可以从以下几方面做起：①围绕公共图书馆信息服务内容，举办各种独具特色的展览和演示会。这是公共图书馆扩大影响并提升形象的良好时机。通过主动参与媒体来加大宣传力度，让更多的人认识公共图书馆，了解公共图书馆，走进公共图书馆，向社会展示公共图书馆的魅力。②针对某一特定课题的需要开展定题服务，进行跟踪服务，主动、持续、系统地向相关人员提供最新的相关信息。③充分利用馆藏文献信息资源和专业队伍的优势，面向特定读者定专题开展专题服务，大力开发蕴含在馆藏信息资源里的有效信息，向读者提供浓缩的直接可利用的数据、事实、结论。④为提高读者的阅读意识、阅读能力和阅读效益，可通过各种有效措施开展读者辅导服务。

（三）建立各种专门阅览室

随着以计算机为中心的现代信息技术及相关技术的迅速发展，公共图书馆必须建立专门阅览室，如视听资料室、多媒体光盘阅览室、电子阅览室、网络检索室等，为读者更便捷地获得文献创造良好的条件。读者在网络检索室利用计算机就可以方便地查阅、下载、组织和重新编辑文献信息。在这些专门阅览室里，读者不仅可以查阅文字、数值、图形、图像等静态文档，而且可以获得多媒体信息的动态文档。

（四）加强专业人员的知识更新

公共图书馆工作人员的素质直接影响信息开发的服务质量，所以要求工作人员必须具备丰富的学科知识，熟悉各种信息资源，善于把握新动态，能依据一定的科学原则对知识进行创造性组合，能挖掘信息资源的各种价值。因此，必须建立一支适应新一代数字图书馆建设的高素质人才队伍。具体应从以下几方面来做：①要更新工作人员的思想观念，改变以"藏"为主和封闭式服务的模式，树立开放意识、竞争意识、创新意识，把被动服务变为主动服务，把滞后服务变为超前服务。②工作人员要及时接受新观念，不断学习，接受新知识、新信息，提高专业知识水平，做到想读者之所想，急读者之所急，全心全意为读者提供高层次优质信息服务。③重视对计算机与图书馆学、信息管理以及其他学科专业人才的引进和培养，以保证高质量数字信息资源建设及高水平、深层次信息服务的持续开展。④增加工作人员的培训和技术教育的次数，使他们爱岗敬业，具有奉献、团结、协作精神，选修相关专业课程，参加业务培训班。

（五）加大公共图书馆事业的经费投入

公共图书馆是公益性文化单位，为全社会成员服务是公共图书馆的主要任务。它所具有的公益性和公共特质，规定了它并非营利单位，不以营利为目的。因此，公共图书馆依靠国家的全额拨款及地方财政支持，否则无法生存。各级政府要根据公共图书馆的规模、编制、服务工作的需要，给予财政支持和有力保障；应随着书刊价格的上涨而相应增加经费，以确保投入比例的合理性；要把公共图书馆的购书费、业务费、公务费、设备购置费等费用实行计划单列专款专用，不得挤占，使公共图书馆随着国民经济的增长而协调发展。

总之，公共图书馆的一切工作都是为读者服务的。满足读者的需求是公共图书馆服务工作的重心，公共图书馆的服务工作必须使广大读者的满意，得到他们的高度认可。所以，必须充分利用现有的文献资源、人才、设备等优势，树立与读者利益一致的原则，积极与读者沟通、协作，转变传统的服务方式，从封闭走向开放，从静态走向动态，从单一走向多元，从被动走向主动。

第二节 公共图书馆读者服务中读者意见的处理机制

服务是公共图书馆存在的理由，为读者提供优质的服务是公共图书馆工作的核心目标。如何进一步提升读者服务工作，许多公共图书馆对其有较多的理念探讨及实践操作经验。但在实际工作中，读者意见处理作为有助于读者服务工作提升的重要管理手段，并未被一些公共图书馆所重视，或虽意识到却没有被很好地对待。公共图书馆"读者第一"的宗旨要求工作人员尽心尽力地为读者提供优质、便捷的服务。但因种种原因，读者对公共图书馆的服务提出了各种意见。读者意见是读者对公共图书馆的原始认识，是读者所思所想的直接反映。公共图书馆对各种读者意见的处理与读者对公共图书馆的看法是直接关联的。读者意见处理得当可有效提升公共图书馆的服务质量，使公共图书馆从被动走向主动，赢得读者，扩大影响力。

一、读者意见成因分析

公共图书馆处理读者意见一般实行月报制。大多公共图书馆在办公室设立专人专岗处理读者意见，编制读者意见月报、年报，对全年的读者意见做统计分析，为领导决策提供参考，积极促进读者服务工作，提高读者对公共图书馆的信任度。根据读者意见月报、年报的统计分析，有研究发现，读者意见主要是由公共图书馆的服务态度、服务质量、管理制度和服务环境所引起的。

（一）服务态度

读者提出的意见中，因工作人员的服务态度而产生的问题占了大部分。工作人员的服务态度不好，主要是指态度冷淡、语气生硬、面无表情、怠慢读者的询问、缺乏主动服务精神，让读者产生"门难进、事难办"的感觉。另一种是指服务语言不够规范，言谈举止粗俗失礼，工作时间扎堆聊天、打电话等影响读者的行为。还有个别工作人员，与读者发生争执时得理不饶人，使读者处于尴尬境地。还有些读者提出意见的起因并不是服务态度，而是由于工作人员处理不当，造成言语冲突，发生争执，这种情况读者最终提意见时也说工作人员的态度不好。如果工作人员的服务态度好，正如一本书的书名《态度决定一切》，即便处理得并不很得当，大多数读者也不会追究工作人员的责任，矛盾自然就化解了。

（二）服务质量

以下是导致公共图书馆读者服务的质量受到影响，读者提出意见的几个主要原因：

①因书目数据差错而导致有号无书或有书无号，或因书库调整、图书遗失、污损等未及时修改数据导致检索书号与馆藏的不符，影响读者借阅。②因公共图书馆系统原因造成读者无法查阅，预约、续借不成功，数据库无法检索等。③因新书（包括报刊）、过期报刊装订周期过长导致书刊上架速度慢，读者无法查阅。④书刊破损严重，影响读者借阅。⑤开架借阅室的书刊摆放凌乱，错架、乱架严重。⑥因开架借阅室空间有限，将较多近年的图书放入闭架借阅室，使读者不能自由阅读。⑦阅览室工作人员不能满足读者深层次的参考咨询需求。⑧工作人员不及时制止读者在借阅区打电话、聊天等影响其他读者的行为。

（三）管理制度

近年来，由于读者权利意识的增强，读者对公共图书馆的管理制度提出了更高的要求。主要包括两方面：①收费问题，如办证收费、存包收费、图书逾期费、复印价格及小卖部价格问题；②进入阅览室时的各种限制，如不能带包入室，不能自携书刊、食品、茶水入室，不能自行在阅览室内复制资料等。读者认为种种不合理的管理办法、规章制度应及时修改、调整，与时俱进。以下是一些有代表性的读者意见：允许读者携带手提电脑包进入；延长阅览室开放时间；一些非特藏阅览室，如自修室、开架借阅室，允许读者自带茶水进入；当天借的书可以当天还，还书时不必非要有借书证等。

（四）服务环境

读者对公共图书馆服务环境提出的意见包括：阅览室的照明设备损坏或亮度不当，空调的冷热不当，饮水设备、残疾人设施配备不齐全，盥洗室有异味，没有公共图书馆阅览室分布导示图或有而不清晰，没有设置无烟区标识、要求读者手机静音的提示标牌等，没有配备一定数量的计算机设备和有线、无线网络。

二、公共图书馆读者意见处理流程

公共图书馆读者意见处理流程主要分为收件、分件、解决处理、答复反馈、统计分析五个环节。读者意见的处理主要围绕这五个环节展开。

（一）收件环节

公共图书馆读者意见主要来自以下几方面：读者到馆后当面所提意

见，读者投入意见箱内的意见，读者向"馆长信箱（设于公共图书馆网站上）"提交的电子邮件、电话、书信，由各部门转来的意见等。办公室工作人员定期从设置于各楼层的读者意见箱收集读者意见，同电话记录、读者信件、馆长信箱内的读者意见等各种来源的意见一起进行归纳、整理。此外，公共图书馆还通过召开各类读者座谈会，发放调查表等来收集读者意见。

（二）分件环节

工作人员将上述意见分成四大类：表扬类意见、投诉类意见、咨询类意见、建议类意见。根据意见内容，附上读者意见处理单，分发到相关部门，由各相关部门直接处理。如果读者意见中的各条内容涉及多个部门，工作人员会将意见转给分管领导，由分管领导对所属部门提出处理意见。

（三）解决处理环节

由相关部门针对读者意见进行核实，提出相应的处理意见和整改措施。如涉及规章制度方面的意见，由公共图书馆读者工作委员会讨论后提交馆部。如果意见内容需多部门协调处理，由分管领导协商后，馆部讨论决定。

（四）答复反馈环节

原则上要求意见处理部门必须对留有联系方式的读者进行答复、反馈。如部门未对留有联系方式的读者进行反馈，可以由办公室工作人员对读者进行反馈。

（五）统计分析环节

各部门交回读者意见处理单后，办公室工作人员每月定期编制读者意见统计月报。全年结束后，编制读者意见统计年报，分别对每月、每年的读者意见进行统计分析，为馆领导决策提供依据。

三、读者意见处理原则

（一）换位思考，肯定读者

读者不论是向工作人员当面提出意见，还是通过电话或写成书面形式提出意见，工作人员，尤其是窗口服务部门的工作人员，都应遵循换位思考的原则，从读者的角度出发，设身处地为读者考虑，热情接待，正确处理读者提出的意见。切忌将提意见的读者看成对立面，对其爱搭不理或急于推脱，从心理上排斥读者，抗拒读者。不管读者提的意见是否中肯，工作人员首先应从态度上肯定读者。

（二）认真倾听，耐心沟通

读者提出意见，尤其是当场提出意见，工作人员应将读者带离阅览室等现场，避免读者因情绪激动而影响其他读者，或使其他读者误会，而影响公共图书馆的声誉。工作人员要注意声音平和，认真倾听，表情自然，以使读者的激动情绪稳定下来。通过读者的讲述，了解事情的经过和读者的意图，既不附和读者的意见，也不急于表态。对读者的意见表示理解，并对工作中的疏漏表示歉意。在明确读者的意图和要求的前提下，做必要的解释说明，提出解决方案，尽可能及时解决问题。如果读者不满意当前的解决方案，应将情况记录下来，告知读者意见受理人（办公室专门负责处理读者意见的人员）的姓名、电话。

（三）以"礼"服人，适当变通

有时读者的意见是对的，但鉴于公共图书馆目前的情况，不能立即采纳整改。即便如此，也要将情况向读者解释清楚。有时，读者的个别要求与读者群体适用的规定发生矛盾，这时，在不违反规章制度的情况下，向读者讲明规定和原则，适当变通。

四、建立健全读者意见处理长效机制

公共图书馆的读者意见处理工作，与公共图书馆读者服务工作密切相关。为了能更好地为读者服务，读者意见的处理还应该有更好的机制，如受理机制、处理机制和检查回访机制。

第一，受理机制。设立意见箱、读者投诉电话等多种意见收集渠道，设立专门机构或岗位受理读者意见。对于反映较多的意见，要及时与部门和馆领导沟通，对读者意见进行统计分析。

第二，处理机制。对读者提意见不排斥也不反感，认真处理，积极整改。窗口服务部门和内部业务部门要团结协作，窗口服务部门工作人员要及时将读者意见转达给内部业务部门。内部业务部门要加强质量管理，结合实际及时调整。

第三，检查回访机制。不定期检查部门工作，将读者意见的落实列入部门考核范围，回访读者，向其征求意见，设立专栏将典型意见向群体读者反馈。

公共图书馆读者服务工作的管理相对复杂，需要运用不同的策略和全新的服务理念来予以实现。读者向公共图书馆提出意见，是出于对公共图书馆的信任，相信公共图书馆有解决问题的诚意和能力。读者提出意见，可以使公共图书馆发现管理上的疏漏、读者工作中的不足及业务工作中的薄弱环节。这些意见，是公共图书馆所忽视的。正是这些读者意见使公共图书馆各种规章制度、各项工作有了检验的标准。公共图书馆必须以积极的姿态解决读者的种种问题，想读者之所想，急读者之所急，这样才能增加读者的信任度，吸引读者走进公共图书馆。也只有建立健全公共图书馆读者服务中的读者意见处理机制，才能使公共图书馆读者服务系统更加完善。

第三节　微时代背景下公共图书馆读者服务建设

微时代是以微博作为传播媒介的代表，以短小精悍作为信息传播特征的时代。作为一种媒介，微博具有信息发布信息传播、信息调研、信息评价等功能，其诞生的标志是 2006 年美国网站推特（Twitter）推出的微博客服务。在微博中，一种全新的理论可能瞬间被传播开来，这种爆炸式传播已经成为当代发布者和受众群体之间的主要信息传播模式。随着移动互联网和大数据时代的纵深发展，继微博之后，微信、微电影、微小说、微音乐等一系列微观发展文化现象也蓬勃发展起来。人们对此喜闻乐见并不断开发利用，进而形成一种微时代潮流。这种流行趋势采集碎片化、微量化信息并进行传播，将伴随而来的相关服务模式推向了一个崭新的时代。

微时代信息传播的最大特点是辐射面广、速度快、互动性强，且具有集文字、图像、视频、音频等多种信息传播方式于一体，形象、生动、获取便利等特征。微时代背景下，人们对信息的需求在时间上具有不固定性、零散性，在内容上也呈现出碎片化、多样化的特点。移动互联、云计算、大数据、智能终端 5G 及多元传播介质的出现，以及在技术上的不断突破、技术之间的相互叠加影响与嵌套，成为微时代的显著特征。

在微时代背景下，公共图书馆读者服务工作也受到很大的冲击，其传统的服务理念随着微博、微信、QQ 等移动终端平台及衍生工具的广泛应用而发生颠覆性的变化。公共图书馆利用微时代媒介传播平台开展创新服务正成为新的趋势。正如郭庆光在《传播学教程》中所说："真正有意义、有价值的信息不是各个时代的传播内容，而是这个时代所使用的传播工具的性质、它所开创的可能性以及带来的社会变革。"

一、微时代背景下公共图书馆读者服务工作面临的困境

（一）读者到馆率和馆藏利用率低

近年来，随着社会新科技的发展，公共图书馆面临转型发展的瓶颈。传统意义上的运营模式已经不能满足读者对信息获取的需求，数字资源、电子文献的涌现，打破了传统服务的思维方式，促使读者服务工作必须向多元的新方向转型。如何利用多种新平台共同运营以求达到拓展服务新功能的效果，已成为当代公共图书馆开展读者服务工作普遍关心的问题。受空间、人力、财力等限制，公共图书馆读者到馆率和馆藏利用率不高，这也是公共图书馆面临的困境。虽然近年来我国大力开展全面阅读推广工作，但是人们走进图书馆、有效利用图书资源的情况，依然不尽如人意。公共图书馆如何通过深度的社会参与拓展宣传面，强化宣传效果，从而提高读者到馆率和馆藏利用率，已成为公共图书馆读者服务工作的重中之重。目前，知网、维普和万方三个数据库基本可以囊括所有中文学术期刊。数据库可通过作者篇名、关键词、出版时间、刊名、卷期等字段准确无误地找到读者所需要的各种电子期刊。由此可见，读者完全可以不用来到公共图书馆，足不出户便可获得自己想要的资源，还节省了到馆查阅纸质期刊、复印所需期刊内容的时间。再加上微博、微信等的普及，很多浅阅读、碎片式阅读完全可以通过这些微时代阅读

工具轻松实现，这些都是导致读者到馆率低、馆藏利用率逐年下降的原因。

（二）公共交流平台薄弱，读者服务效果差

作为公共交流平台，公共图书馆具有引导全民开展交流、交往、发展非功利性社会关系，从而提升人们的文化素养以及思想境界，使其找到文化认同及归属感的功能。公共图书馆在传统管理模式下，其作为交流平台的功能受到一定的限制，已然不能满足当代民众的要求。虽然公共图书馆每年依然按期开展读者座谈会、读者征文演讲、知识竞赛、阅读讲座、经典导读、新书推荐等活动，但是与读者的交流互动仍然存在分裂感。主办方积极热情搞活动，受众却因时间、空间、年龄、知识层次等诸多因素的限制只能表面敷衍。很多活动读者参与人数有限，有的甚至流于形式，参与的读者走过场，仅仅停留在配合搞活动上，因此交流效果往往并不能达到预期效果，不能与读者建立真正的互动关系，读者服务工作也就不能满足读者的需求。随着微时代的到来，丰富的资源获取渠道让读者对公共图书馆服务的要求越来越多元化，内容、层次、资源内容形式也有了更高、更广的要求，这就使得传统服务模式与微时代交流服务模式并重成为公共图书馆必须形成的服务新格局。

二、微时代背景下公共图书馆读者服务工作的改进策略

（一）利用微信公众平台，拓展服务方式和服务空间

随着移动信息技术的发展，建立微信公众服务平台是公共图书馆拓展服务手段的有效途径。微信公众服务平台是公共图书馆在新媒体应用

上一个新的服务模式。与传统媒体相比，新媒体的显著特点是移动互联网技术的应用，通过手机、平板电脑等移动终端，人们能随时随地浏览资讯、传递信息，人们的碎片化的时间得以充分利用。微信公众平台为广大读者更广泛便捷地利用公共图书馆资源提供了条件，同时拓展了服务手段和服务空间，最终形成了读者随时随地查找文献、办理相关业务、进行数字化资源移动阅读、交流与分享等公共图书馆新常态。

公共图书馆应当充分利用微信公众服务平台自身的特点，构建服务微门户以适应广大读者的新需求。例如，可以充分将公共图书馆的自动化系统、读者验证系统、跨库检索、自助借阅、门户网站、参考咨询等系统统一起来，利用馆内各项数据，数字化资源库、读者服务平台为读者提供查找、办理、阅读等快捷服务。同时，还可以利用微信公众平台绑定读者借阅卡，实现网上一键续借。

众所周知，公共图书馆具有地方性特点。公共图书馆可以充分利用微信公众平台，整合利用专题性数字资源库，实现数字化资源的移动式阅读分享，如设立地方志历史典籍、民俗风情荟萃等模块，利用微信公众平台向读者及时推送具有地域特征的独特的微数据。当代公共图书馆服务的新模式，应该从单独的阅读服务功能走向阅读功能与读者互动功能并举的状态，开发、实现以读者为核心的零距离交流互动平台，这将是公共图书馆生存发展的必然要求。公共图书馆要利用微信公众平台，建立读者与读者、读者与公共图书馆、读者与馆员的交流互动，通过微话题、公众号推送，促使读者发表各种阅读体验，让读者成为新的信息载体和信息创造者。

具体来说，公共图书馆应利用微信公众平台，从以下几方面拓展服务方式和服务空间：

1. 加快完成公共图书馆微信官方认证，加强对微信公众号的重视

微信认证是腾讯集团为确保微信公众平台发布信息的真实性、安全性，为具备官方资质的微信公众服务号提供的认证服务。微信认证后，将获得更丰富的高级接口和衍生工具，以便公众号经营者为其粉丝受众提供更有价值的个性化服务。公众号包括服务号和订阅号，是开发者、商家或公共组织机构在微信公众平台上申请的应用账号，通过公众号，商家或公共组织机构可以在微信平台上以文字、图片、语音、视频等形式，实现与特定群体的全方位沟通互动。

公共图书馆以服务为核心理念，将微信公众号提供的服务纳入公共图书馆服务体系，可促使读者建立对公共图书馆的忠诚度，从而提高读者到馆率，并提升公共图书馆电子文献的利用率。加快完成微信认证，就是加快与用户建立黏性关系的速度，增强用户的信任度和体验感。公共图书馆作为阅读的前沿阵地，通常也应该是最早接触新媒体和使用新技术的地方，但是目前在微信公众平台上缺少优质公共图书馆账户。公共图书馆只有重视微信公众平台的运营管理，建立优质公众账号，才能快速提高账号影响力，吸引更多读者。

2. 强化微信订阅号的内容管理，提升内容质量

一个具有优质内容的订阅号可以吸引大批读者，并积极转发其内容，因此微信订阅号推送的内容水平，直接影响着微信公众平台的运营质量。公共图书馆微信公众平台订阅号要强化内容的管理，提升内容质量。

第一，微信推送的内容要具有特色。公共图书馆应根据自身特点，策划一些有特色的主题板块，吸引广大读者，激发用户的阅读兴趣和持续关注的热情。公共图书馆应结合自身所处的受众环境及具备的条件，

发布具有自身特点优势的微信推送内容，力求获得读者的认同。

第二，微信推送的内容要结合公共图书馆特点，多推送专业化内容。公共图书馆微信公众平台应围绕公共图书馆的工作特点做原创内容，而不能总是局限于发布讲座通知、好书推荐通知、活动预告等固定模式。公共图书馆应充分结合自身的文化资源，以书评、书摘、作者简介等形式，通过微信公众平台将经典资源推送给广大读者。

（二）基于微博平台，设置微话题延伸公共图书馆读者服务工作

微博是一个资讯平台，微博的媒体特性决定了其更依赖于内容以及具有内容聚合效应的平台特征。因此，公共图书馆应有效利用微博的这一特征改进读者服务工作。公共图书馆通过微博发布微话题等系列内容，可以宣传公共图书馆的阅读推广活动，吸引读者的关注，实现提高读者到馆率的目的。

微话题是以微博为平台的用户互动专区，根据微博热点、个人兴趣、网友讨论等多种渠道的内容，由话题主持人补充并加以编辑，是与某个话题词有关的专题页面。微博用户可以进入页面发表言论，同时话题页面也会自动收录含有该话题的相关微博。通过微话题形式促进读者互动，可以增强公共图书馆阅读推广活动的效果。同时，微话题还能潜移默化地引导读者的阅读倾向、阅读爱好、阅读审美观，从而更好地了解读者的阅读需求，以便提高读者服务质量，其作用不可忽视。

微话题的设置要具有公共图书馆自身的特点，与其他微博要有一定的差异性，也就是要具有独特的魅力，吸引广大读者成为其粉丝，这样才可以使读者与公共图书馆之间建立更强的黏性。以宣传阅读推广活动

为例，公共图书馆应明确阅读推广活动主题，所有设置的微话题应紧密围绕主题展开。在文字描述中，应根据不同读者群体的需求，通过公共图书馆大数据整合，如访问阅览室数据、书刊外借数据、数据库检索和下载数据、访客属性等读者资料整合，深度分析、了解读者的阅读偏好，明确阅读推广对象，采取平易近人或者幽默诙谐、活泼有趣的语言方式，有针对性地进行推介，以满足不同读者的阅读需求，为其提供更有针对性的服务。

同时，微话题的设置还要结合读者的兴趣点、读者的阅读需求、近期阅读的热点，抑或是根据公共图书馆开展的各项活动进行设置。例如，利用世界读书日、莫言获得诺贝尔奖等热点，提出优秀的热点微话题，与读者展开持续互动，从而提高读者对公共图书馆的兴趣。当然，也可以征集读者推荐的微话题，凡具有原创性、精彩的微话题均可被公共图书馆采用，通过读者参与让大众产生浓厚的阅读兴趣。

公共图书馆的发展趋势日渐明晰，传统模式基本上是以书为本，而微时代下新的运营模式逐渐形成了以人为本的模式。虽然传统模式依然是主体模式和基础模式，但是新模式的作用是绝对不可忽视的，其在提高传统模式的运营效果上起到了非常重要的推动作用。在传统模式的框架下，结合新模式开展大量推广活动，逐步吸引各类人群与公共图书馆建立黏性关系，利用微时代媒介改进读者服务工作，已成为公共图书馆充分利用新媒体、实现线上线下融合共进的必然选择。

第五章 公共图书馆资源共建模式

第一节 公共图书馆资源共建共享

公共图书馆资源共享建设的发展目标是通过共享公共图书馆资源，利用各级公共图书馆资源的互补性，实现公共图书馆信息资源服务的整合，达到全方位配置，最大化满足读者，特别是偏远地区和贫困地区的读者的需求。为形成科学的信息共享机制，需要各级公共图书馆统一规范。

随着网络和公共图书馆建设的加速发展，公共图书馆资源共建共享已经取得了很大进展。公共图书馆的资源共享功能，为读者提供了方便的信息获取方式。公共图书馆多层次的知识服务功能使公共图书馆的服务工作得到极大的加强，为独立学习、全民学习创造了良好的条件。

让读者随时随地、方便快捷、无限制地访问和共享公共图书馆的资源是公共图书馆共建共享的最终目的。

一、图书馆资源共建共享的传统模式

信息技术和社会发展的局限性仍然是国内公共图书馆资源共建共享传统模式存在的问题。独立的公共图书馆或者公共图书馆合作组织的主

要任务是为该地区的读者提供所需的文献资源。所以，建立相关部门来保障文献资源信息的完整性和文献传递系统的全面性成为工作的重点。这种部门的作用是实现公共图书馆馆藏资源共享，达到联合阅读资源、文献交付和参考咨询的目的。随着互联网科技的不断进步，形成了国内外大学公共图书馆区域资源共享和专题资源共享等模式。资源共享的主要模式是组织协同共享模式。

二、共建公共图书馆资源的发展现状

信息技术的开发和发展得益于互联网技术的发展，计算机、大数据库、电子刊物等的迅猛发展，为数字资源的发展作出了巨大的贡献，使人们可以使用不同国家和地区的信息资源。

数字资源共享已经深入社会各行各业，公共图书馆自然要顺应时代发展需求，开发数字共享技术。数字资源共享体现在公共图书馆资源的共建共享方面，数字资源降低了传统图书的共享成本，而且分享更加便捷，克服了距离、语言和时间等障碍。地理边界线不再是限制公共图书馆资源共享的"隔离带"，公共图书馆的服务范围得到了扩大，公共图书馆资源共建共享进入了新时代。

美国是最早进行公共图书馆共建共享的国家。美国公共图书馆共享可以分为跨州共享和区域内共享两种方式。其不仅完成了传统公共图书馆的共建共享任务，还采用自动化协作改进和发展了分享风险、共享利益、数字资源收藏和共享技术标准。

随着图书价格的上涨，联合采购和联合开发越来越受到公共图书馆的重视。在这样的环境下，中国数字图书馆联盟诞生了。目前，我国已基本完成国家一级公共图书馆资源和各重点大学图书馆资源的共建共享服务,而各省公共图书馆根据各省的实际情况,采用各具特色的收集资源方式和合作共享模式。

随着信息技术、无线移动网络信息技术的迅速发展,移动共享技术越来越成熟、越来越普及,很多读者能随时随地利用移动网络搜索其需要的信息。在这种情况下,公共图书馆的服务方式做出了相应的调整。移动公共图书馆服务是指读者使用各种终端随时通过无线网络访问公共图书馆共享的信息和资源。移动公共图书馆具有专用的服务组织结构,是无线网络技术和公共图书馆系统的有机结合。

目前,美国、日本、英国等许多国家的公共图书馆都对移动通信技术手段进行了深入了解,有条不紊地将移动通信技术应用于公共图书馆信息服务中。

三、公共图书馆资源共享的发展目标

在共享建设公共图书馆资源的过程中,信息共享服务的地位不容置疑,优秀的公共图书馆资源共享服务更能体现出公共图书馆的价值,所以各级公共图书馆才自发地支持这种共享体制。

公共图书馆服务的有效性往往取决于公共图书馆与各级部门合作的结果,如流动阅读管理需要管理人员和组织的配合和协调,缺少任何一方都会影响其整体服务效果。公共图书馆资源的共享和交换可以在数据中心进行,数据中心起到连接作用,然而各级数据中心和公共图书馆服务系统还要保持相对独立。要提高公共图书馆间的共享服务效率,就要使各合作公共图书馆采用统一的共享网络平台系统,因为只有在同一系统内，才能保证交互信息的及时性和便捷性，不因系统差异而导致资源共享受阻。统一的系统不仅可以保证各独立公共图书馆之间资源共享的公平性，还可以保证共享资源的顺利发展，并能有效地动员各级公共图书馆和数据中心提升服务效率和服务质量。

数据中心是公共图书馆信息资源共享的核心，要有能力管理大量共享数据，所以要开发一套应用程序模块。为了规范资源的共享系统，要将该应用程序加入公共图书馆服务流程体系，各级别公共图书馆之间的数据检查和数据转化工作要小心谨慎进行；还要开发独特的网络管理平台，统一信息资源共享标准，实施公共图书馆特色共享体系。

信息资源服务的对象是读者而不是自动化系统，因此，要明确读者需要什么信息，围绕读者需要的信息设计最快捷的资源查询方式。能够节省读者时间的信息服务是最有效的服务。

四、公共图书馆资源共建共享的优势

随着现代科技的飞速发展，很多珍贵书籍都能成为科学研究的参考书，而数字资源不受数据同时访问的限制，提高了研究工作的效率。现在，人们可以通过信息技术将书籍、期刊、音频和视频材料等转换成数字资料，作为公共图书馆的共享信息。公共图书馆在互联网的帮助下，依靠这个非常重要的平台，实现资源的有效共享。公共图书馆资源共享使公共图书馆不再是传统的封闭实体，其资源不再受限制。公共图书馆不只限于收集实体书籍，而是在整个互联网上分享资源，使公共图书馆的资源利用率大幅提高。随着互联网的发展，电子书的数量正在快速增长，数字报纸和数字杂志的数量也在增加，为公共图书馆资源共享建设提供了丰富的素材。

良好的公共图书馆资源共享系统可以根据读者的不同需求，优先推送读者需要的资源，读者可以有针对性地通过电脑轻松打开公共图书馆的页面搜索、浏览和下载各种有用的资源，使用更方便、快捷。与传统图书检索方法相比，公共图书馆资源共享搜索具有非常明显的优势。公共图书馆的共享搜索功能允许读者对全文内容进行检索，并具有强大的模糊搜索功能，可以由一个关键词扩展到类似的关键词，以便于快速检索信息。

读者的需求随着社会的发展、信息环境和通信方式的变化而变化。更好地满足读者对信息资源的迫切需求，开发和追求个性化服务是公共图书馆大力发展资源共建共享的目标之一。从读者的需求来看，基于网络资源共享建设的公共图书馆，有力地解决了当地公共图书馆馆藏资源数量少的问题，解决了偏远地区图书不充足无法满足读者需求的问题，大大增加了偏远地区读者的图书资源获取途径，降低了建设大型公共图书馆的成本。读者检索资源的环境得到了改变，大大地满足了读者对信息的需求。

五、公共图书馆资源共建共享的策略

推动公共图书馆资源共建共享需要社会各界的共同努力，需要相关部门的大力支持及推动公共图书馆资源共享的立法工作。近年来，我国政府相关机构已经采取多种方式来制定分享数字信息资料的资源监管制度，但要进一步推动公共图书馆资源共建共享，我国应加快针对相关问题的立法进度，明确公共图书馆资源共享的规定；应当依照有关法律法规，加强组织领导，形成一整套规范的公共图书馆资源共建共享措施。

一方面，继续加强公共图书馆共享管理工作。积极有效地征集政府部门和社会团体对现行制度的意见，及时调整、改进制度和规定，规范使用资金，促进标准和规定的更好实行，让读者更方便地使用数字资源共享系统。

另一方面，加快公共图书馆的开放速度。目前，许多发达国家的公共图书馆面对社会开放，并得到了广泛使用，但在这方面我国的进展还比较缓慢。开放是数字信息环境中共享系统发展的保障，开放获取是读者获得信息和知识的保证，是读者获得资源的主要手段。政府应该促进开放政策的实施，尽快推动我国的信息开放和获取；继续加大管理力度，科学规划公共图书馆数字资源共享建设，为公共图书馆资源共享进行合理的规划布局，保证人们可以获得有效信息与更丰富的知识。

可见，未来公共图书馆资源的共建共享，必将基于数字信息化建设。数字时代资源共享的形式是公共图书馆资源共建共享的发展方向。公共图书馆资源共享有效地整合了其大量的馆藏资源，顺应了网络技术的发展、计算机的普及和移动网络应用的大趋势，对多种优秀的新技术进行了综合运用，为网络信息时代公共图书馆的快速发展作出了贡献。

第二节　高校与公共图书馆资源共建

随着现代科学技术的发展和进步，资源共建和共享已经成为现实。高校和公共图书馆之间实现资源共享，不仅能够最大限度地利用资源，发挥资源的价值，还能够促进高校和公共图书馆文献资源收集渠道的拓展。本节从高校、公共图书馆两者之间的差异入手，将两者进行比较研究，挖掘两者资源共建的重要性。在此基础之上提出高校、公共图书馆资源共建共享的方法，以推动开放型公共图书馆的形成。

一、高校与公共图书馆资源共建的重要性

随着科学技术的快速发展，许多行业都打破了传统模式的束缚，形成了新的发展模式。例如，高校和公共图书馆利用先进的科学技术，形成完善的资源共建模式。高校和公共图书馆之间建立起资源共建模式，构建科学完善的资源共享机制，能够满足当前我国对公共图书馆未来发展的期待。将高校和公共图书馆联系起来，构建信息联盟，实现资源共享，能够加快公共图书馆发展的速度。具体来说，高校与公共图书馆资源共建的重要性体现在三个方面。

（一）提高高校、公共图书馆资源的利用效率

无论是高校，还是公共图书馆，最为重要的资源都是文献资料。文献资料不仅是社会和国家的财富，还是推动社会和国家进步的重要工具。目前，从高校的文献资料和公共图书馆的馆藏资源对比情况来看，前者

的往往要优于后者，这是因为高校作为培养人才的重要基地，对于文献资料的完善和丰富十分重视，而且文献资料具有明显的专业性。而公共图书馆的馆藏资源相较于高校而言，优势没有那么明显。因此，加快高校、公共图书馆资源共建，实则是推动两者之间的资源融合利用。在这种情况下，无论是公共图书馆的优势还是高校的优势均都可以得到最大限度的发挥，促进地方文化与经济的建设。

（二）缓解高校与公共图书馆资源短缺的问题

一般情况下，高校和公共图书馆的内部资源均存在一定的短缺，因此，实现高校和公共图书馆资源共建可以在一定程度上解决这一问题。随着人们文化水平的提高，人们对于知识的渴求更加强烈，高校和公共图书馆的资源共建可以为人们提供更好、更丰富的资源。高校和公共图书馆也可以相互借鉴，发现各自存在的缺点和问题。

（三）满足人们对数字信息资源高效性的要求

互联网技术的发展和进步改变了许多行业的发展模式。就公共图书馆而言，利用互联网能够更快实现各个公共图书馆之间的资源共享。就高校和公共图书馆而言，一旦普及数字化、网络化技术，便会打破两者之间的界限，实现资源的交叉利用，建立资源共享体系，人们获得信息的渠道也会因此而拓宽。在这样的环境下，公共图书馆的发展将会更加繁荣，也将会为人们提供更加便捷高效的服务，逐步满足人们对于信息资源的需求。

二、高校与公共图书馆资源共建的方法

（一）构建科学完善的协调保障体系

高校与公共图书馆的资源共建需要建立在完善的协调保障体系之上，高校与公共图书馆拥有各自的优势和特点，这些优势和特点在资源共享之后能够发挥作用，体现资源共建模式的意义。因此，实现高校与公共图书馆的资源共建，首先要从制定公共图书馆资源共建模式的保障性法律法规入手，确保高校和公共图书馆之间的文献资源整合共建工作顺利进行，使资源共建的主体各自承担责任和义务，以保障整个资源共享过程的高效性。其次要选择专业的管理机构进行辅助管理，并组织高效调控；高校和公共图书馆的管理部门要做好各自的工作，促进协议的达成，明确资源共享的任务、目标及各自的权利。最后，在此基础之上，构建相应的干预措施，并建立灵活的经费系统，提升资源共建模式的综合水平。无论从哪一方面来看，建立具有层次性的高校与公共图书馆资源共建模式都是非常必要的。

（二）促进开放型公共图书馆的建设

开放型公共图书馆的建设有利于资源的整合和利用，能增加和拓宽人们获得资源的渠道，提高公共图书馆服务的质量。因此，在开展高校与公共图书馆资源共建工作的时候，需要改变传统的公共图书馆管理理念，吸收开放型思想，充分利用现代互联网技术，构建开放型的公共图书馆。信息资源只有向社会开放之后，其基本的价值和意义才能得以发挥。高校与公共图书馆之间的文献资源共享服务，不仅可以满足社会各界人士的需求，还会建立起资源流通的桥梁，对于保障资源的完备性和

时效性具有重要意义。建立开放型的公共图书馆,要明确高校和公共图书馆各自的责任,扮演好各自的角色,积极主动地整合文献资源,让读者的需求得到满足,让公共图书馆提供的服务更加高效。这样,高校与公共图书馆的文献资源信息检索效率和使用率才会大大提升。

(三)拓宽高校与公共图书馆资源收集的渠道

拓宽高校与公共图书馆资源收集的渠道可以不断地丰富和完善公共图书馆的资源。资源共建模式建立起来之后,高校和公共图书馆各自的优势才能够得到全面发挥。公共图书馆具有公共服务性,因此,政府对于公共图书馆的支持要到位,除了经费方面的支持之外,政策支持也非常必要。社会各界要加强对公共图书馆的重视,充实公共图书馆经费。同时要加快文献的收集和整理速度,不断提高公共图书馆资源的综合性和完整性。高校和公共图书馆都需要与地方机构合作,获得地方性的文献资源,建立完善的文献资源体系。高校还可以发挥自身在人才方面的优势,鼓励校内各个专业的学生参与"公共图书馆资源丰富"的实践活动;建立志愿者服务基地,方便学生为公共图书馆的发展贡献力量。

(四)创建高效的联合机制

互联网时代的到来无疑给公共图书馆的发展创造了良好的条件,互联网可以实现高校与公共图书馆的联合,资源共建的基本条件得到满足后,资源共享模式的形成就更容易。高校与公共图书馆的联合,意味着全国范围内的公共图书馆资源均可以实现共享。为此,实践中需要考虑的是如何使这种联合机制变得高效,具体措施包括三个方面:一是整合数据资源,如图片、视频、音频等,在提高公共图书馆资源全面性的同时,令读者的不同要求尽量得到满足;二是要不断完善公共图书馆的设施设备，以适应互联网时代的发展需求；三是将云计算模式逐步引入公共图书馆的资源共建当中，为读者建立一个海量的资源库，并不断提高资源的质量，增强资源提供的便利性。

（五）综合提升高校与公共图书馆工作人员的素质

高校与公共图书馆工作人员的素质均有待提升。从高校的角度来看，公共图书馆可以为学生提供知识和资源，因此公共图书馆可以根据学校的特色制定招聘方案，选择专业水平高、道德素质高的优秀人才。同时可以培养一批为学生服务的志愿者，使学生在学习的过程中获得实践的机会，增长见识，提升能力。公共图书馆的管理层需要建立技能培训体系，组织工作人员定期接受培训，促使他们在不断吸收先进管理理念的同时提高自身的综合素养，确保公共图书馆的服务质量。在这样的基础之上，高校、公共图书馆资源共建模式的形成才会更加顺利，而资源共建模式形成之后才会有更为专业的人才进行管理。

高校和公共图书馆之间若建立起资源共建模式，有助于高效利用两者各自拥有的资源，促进两者的发展和进步。在建立资源共建模式的过程中，高校和公共图书馆要逐步挖掘各自的优势，并整合这种优势，形成明确的特点，确保公共文化服务体系得以建立。在这种资源共建模式之下，地方文献资源的收集和整理效率会大大提升，地方文化和经济也会因此被带动，从而不断地发展和进步。公共图书馆的存在是为了满足人们对于信息的需求，为了达到这一目标，结合当前公共图书馆所处的环境和发展现状，不断地完善和优化高校和公共图书馆资源共建模式是非常必要的。

第三节　社区与公共图书馆资源共建

一、公共图书馆与社区建设

公共图书馆在社区建设方面扮演着重要的角色。公共图书馆有助于加强社区的凝聚力、促进知识共享、提高社区居民的文化水平，还可以为社区居民提供更广泛的服务和资源。

（一）公共图书馆是社区的重要组成部分

公共图书馆作为社区的重要组成部分，具有以下功能：

1. 提供知识资源

公共图书馆是知识资源的储备库，向社区居民提供书籍、期刊、多媒体资料和数字资源，以满足社区居民的知识需求。这些资源有助于社区居民学习、研究和个人成长。

2. 举办文化和教育活动

公共图书馆经常举办各种文化和教育活动，如讲座、展览、艺术品展示、工作坊和读书俱乐部，这些活动丰富了社区的文化生活，为社区居民提供了学习和互动的机会。

3. 提升信息素养

公共图书馆提供培训和支持，帮助社区居民提高信息素养，包括信息检索、数字素养和批判性思维等方面的技能。

4. 促进社交互动

公共图书馆是社区居民社交互动的场所,提供舒适的座位和社交空间,以促进社区居民之间的交流和互动。

5. 支持个人成长

通过提供各种资源和服务,如职业咨询、学习支持和个人发展资源等,公共图书馆支持社区居民的个人成长和职业发展。

6. 提供公共服务

公共图书馆提供了一些公共服务,如免费无线网络、打印和复印设备、公共电子阅览室等,以满足社区居民的各种需求。

(二)公共图书馆促进社区建设的方法

1. 合作与联合活动

公共图书馆可以与社区中的其他机构和组织合作,共同举办各种文化活动。这些合作机构和组织包括学校、社会团体、文化机构和地方政府。通过合作,公共图书馆与这些机构和组织可以共享资源、知识和经验,开展更广泛的服务和活动。例如,公共图书馆可以与当地学校合作,举办教育项目和阅读活动,为学生的学习提供支持。

2. 社区活动

公共图书馆可以举办社区活动,包括节日庆祝活动、艺术展览、音乐会、文艺晚会和座谈会等,吸引社区居民参与。通过这些活动,公共图书馆可以丰富社区的文化生活,提供娱乐和娱乐的机会,以及促进社区居民的社交互动和文化交流。

3. 社交和合作空间

公共图书馆可以提供社交和合作空间,以鼓励社区居民进行互动。

这些空间可以用于小组学习、项目合作、创意工作坊和社交聚会。社交和合作空间可以为社区居民提供舒适的座椅、无线网络和上网设备，以支持他们进行各种社交和合作活动。

4.数字资源和技术支持

公共图书馆可以提供数字资源和技术支持，以满足社区居民的数字化需求。这些数字资源和技术支持包括电子书、在线课程、数字化工具和技术培训等。通过提供这些资源、支持、培训等，公共图书馆可以提高社区居民的数字素养与技能，帮助他们更好地利用数字化技术。

5.参与社区规划和决策

公共图书馆要积极参与社区规划和决策，以确保公共图书馆的服务和资源能满足社区居民的需求。通过与社区居民和组织合作，公共图书馆可以了解社区的优先事项和关注事项，以及如何更好地为社区服务。

6.开放空间和户外活动

公共图书馆可以提供开放的空间，如花园、露天阅读区、户外表演场所和儿童游乐设施，以支持社区居民的户外活动和社交互动。通过提供这些开放空间，公共图书馆可以丰富社区居民的户外生活，提供娱乐和休闲的场所。

（三）公共图书馆对社区建设的作用

公共图书馆作为文化传播的重要载体，承担着为广大民众提供知识和服务的重要使命。公共图书馆不仅有助于提升图书馆服务的质量和效益，也有利于促进社区的发展。

1. 提供教育机会

公共图书馆可以为社区居民提供教育机会，包括学习新技能、提高职业素养和获取知识。通过提供培训、课程和资源，公共图书馆可以支持社区居民的个人发展和职业发展，提高他们的竞争力。

2. 提高文化多样性

公共图书馆是一个提高文化多样性和包容性的地方，通过提供多样化的资源和文化活动，公共图书馆可以促进不同文化背景的社区居民之间的交流和理解。这有助于丰富社区的文化生活，提高社区居民的文化水平。

3. 提高社区凝聚力

公共图书馆有助于提高社区的凝聚力。通过提供社交和合作空间，举办社区活动和节庆活动，公共图书馆可以帮助社区居民建立联系，促进社区凝聚力的提高。

4. 支持社会公益

公共图书馆不仅是一个教育和文化机构，还是一个支持社会公益事业的机构。通过提供公共服务、支持社区发展项目和参与社会问题解决，公共图书馆能发挥极大的作用，支持社会公益事业的发展。

（四）公共图书馆促进社区建设连接面临的挑战和应对方法

1. 资金限制

许多公共图书馆面临资金和资源不足的问题，这可能限制它们与社区的合作。为了应对这一挑战，公共图书馆可以寻求赞助、合作和捐赠，以扩大其服务范围，优化资源配置。

2. 数字化转型

数字化技术的快速发展对公共图书馆提出了新的挑战。公共图书馆需要不断更新技术设备和数字资源，以满足社区居民的数字化需求。同时，公共图书馆还需要提供培训和支持，以帮助社区居民更好地利用数字化工具。

3. 社会变革和人口流动

社会变革和人口流动可能会影响公共图书馆与社区的联系。公共图书馆需要不断适应社会的变化，以满足社区居民不断变化的需求和期望。公共图书馆可以通过更新服务、改进空间布局和开展新的社区合作项目来应对这一问题。

4. 可持续性和环保

公共图书馆与社区的合作活动可能对环境产生影响。公共图书馆可以采取使用可再生能源、减少废物排放和推广可持续出行方式等方法降低对环境的不利影响。

公共图书馆对于社区的文化、教育和社会发展具有重要意义。通过与社区合作开展社区活动和文化庆祝活动、提供数字资源和技术支持、开放户外活动空间等，公共图书馆可以与社区加强联系，为社区居民提供更多的服务和资源，以满足社区居民的需求。

公共图书馆与社区加强联系不仅有助于提高社区居民的文化水平和知识水平，还有助于增强社区的凝聚力，提高文化多样性，提高社区居民的竞争力，以及支持社会公益事业。通过不断适应社会的变化、应对挑战，公共图书馆能继续履行其责任，为社区提供更好的服务。

二、社区居民需求与公共图书馆服务

社区居民需求与公共图书馆服务之间的紧密关系对于公共图书馆的有效运营和社区发展都至关重要。公共图书馆不仅是知识和文化资源的存储库,还是满足社区需求的重要机构。

(一)社区居民需求的多样性

社区居民的需求是多样化的,涉及各个年龄段、兴趣领域和文化背景,这意味着公共图书馆必须灵活地提供各种服务和资源。社区居民需求通常包括以下几个方面:

1. 教育需求

从儿童到成年人,各个年龄段的社区居民都需要获得教育资源,包括学校作业帮助、职业培训、学术研究支持等。

2. 阅读和文化需求

许多社区居民渴望获得书籍、期刊、音乐、电影和其他文化资源,以满足他们的阅读和文化需求。

3. 社交和活动需求

很多社区居民希望参与各种社交活动,包括社交聚会、社团活动和文化演出等,以增进彼此间的联系,丰富自身的生活。

4. 信息和数字素养需求

在数字时代,社区居民需要提高他们的信息和数字素养,包括信息检索、网络安全和数字技能。

5. 支持和咨询需求

一些社区居民可能需要支持和咨询,如心理健康咨询、法律咨询、就业咨询等。

（二）公共图书馆提供的多元化服务

为了满足社区居民的多样化需求，公共图书馆必须提供多元化的服务和资源。

1. 儿童和青少年服务

为了满足年轻读者的需求，公共图书馆通常提供儿童和青少年服务，如儿童图书、青少年图书、青少年俱乐部等。

2. 成人图书和多媒体资源

公共图书馆提供成人图书、期刊、音像制品、电子书和有声读物等，以满足成年人的阅读和文化需求。

3. 文化和社交活动

公共图书馆经常举办各种文化和社交活动，如展览、读书会、文学讲座、艺术品展示和社交聚会等，以满足社区居民的多样化需求。

4. 数字资源和技术支持

为了满足数字时代社区居民的需求，公共图书馆提供电子书、在线课程、数字化工具和技术培训。

5. 咨询和支持服务

公共图书馆提供咨询和支持服务，如研究支持、法律咨询、就业机会信息和心理健康支持等。

6. 社区合作和伙伴关系

通过与其他社区组织或机构的合作，公共图书馆可以为社区居民提供更多的服务和资源，如教育项目、社会服务、医疗支持等。

7. 学习和研究支持

公共图书馆提供学习和研究支持，包括培训课程、研究帮助和公共图书馆资源的使用指导等。

（三）公共图书馆服务的改进策略

社区居民需求与公共图书馆服务之间存在紧密的关系，公共图书馆的服务应该根据社区居民的需求进行调整和改进。

1. 分析社区居民的需求

公共图书馆应该积极与社区居民互动，通过举行社区会议，开展社会调查、小组讨论等形式，了解社区居民的需求和期望，明确他们的教育、阅读、文化和社交需求，确定服务的重点和优先事项。

2. 提供个性化服务

基于对社区居民需求的分析，公共图书馆可以为社区居民提供个性化的服务。例如，如果社区居民需要更多儿童和青少年服务，公共图书馆可以提供更多的儿童图书、青少年活动和教育支持；如果社区居民需要数字技术培训，公共图书馆可以提供在线课程、数字化工具和技术支持。

3. 持续改进服务

社区居民需求可以作为公共图书馆改进服务的基础，公共图书馆应该定期调查和评估社区居民的需求，以此为指导，确保服务的持续改进。通过不断调查和评估，公共图书馆可以调整服务的内容、时间、地点和形式，更好地满足社区居民不断变化的需求。

4. 合理分配资源

公共图书馆可以根据社区居民的需求合理分配资源。根据社区居民需求的差异性，公共图书馆应优化资源配置，购买适合社区居民需求的书籍和资料，并提供适当的培训和支持。

综上可知，公共图书馆不仅需要了解社区居民的需求，还需要根据社区居民的需求提供多元化的服务和资源。公共图书馆作为社区的知识中心、文化交流中心，为社区居民提供教育支持、娱乐活动和文化体验，鼓励他们参与知识的分享和文化的传承。

三、社区与公共图书馆的合作方式

公共图书馆是社区中的重要文化交流中心，不仅为人们提供图书和信息资源，还在社区中扮演着重要的角色，促进文化、教育的发展和社会互动。与社区密切合作，满足社区居民的需求，是公共图书馆的重要任务之一。公共图书馆与社区的合作方式，包括社区活动、教育支持、数字资源、文化交流和社会服务等多个方面。

（一）社区活动

公共图书馆社区活动包括讲座、研讨会、艺术展览、戏剧表演等。通过与当地学校、艺术团体、社区组织和志愿者合作，公共图书馆可以为社区居民提供多样化的文化和娱乐体验。

此外，公共图书馆还可以定期组织读书俱乐部、儿童故事会、成人教育课程、手工艺班和健康讲座等。这些活动有助于提高社区居民的参与度，提升他们的生活质量。

（二）教育支持

公共图书馆在提供教育支持方面发挥了关键作用。公共图书馆可以与学校合作，提供学生课后学习指导和研究资源，包括教材、参考书、网络资源等，帮助学生完成作业和研究项目。公共图书馆还可以组织学习活动，如家庭作业辅导、写作工作坊和考试准备课程等，丰富学生的课余生活。

公共图书馆也可以为成年人提供继续教育支持，包括职业培训、技能提升、英语学习和数字素养培训。通过与当地教育机构合作，公共图书馆可以帮助社区居民提高职业竞争力，融入更广泛的劳动力市场。

（三）数字资源

随着数字化时代的来临，公共图书馆已经扩展了服务范围。公共图书馆通过提供数字资源，满足社区居民的信息需求。这些数字资源包括电子书、在线数据库、数字杂志、音频书籍和视频资源等。通过与研究机构、学术机构和数字出版商合作，公共图书馆可以提供广泛的数字资源，满足各个年龄段人群的兴趣需求。

此外，公共图书馆还可以提供数字素养培训，教社区居民如何使用电子设备、浏览互联网、使用社交媒体、保护个人信息等。这有助于提高社区居民的数字素养水平，使他们能够更好地参与数字时代的社会和经济生活。

（四）文化交流

公共图书馆组织文化活动、传统节日庆祝活动、展示艺术和手工艺品，能促进多元文化交流和理解。通过与当地社区组织、文化团体和移民服务机构合作，公共图书馆可以创造一个包容性强的环境，鼓励不同背景的人分享他们的文化和经验。

文化交流有助于减少社区内的文化隔阂和偏见，增进社区居民之间的相互理解；有助于建立更加多元化和更具包容性的社区，提高社区的凝聚力和文化丰富性。

（五）社会服务

公共图书馆还可以扩展其服务范围，以满足社区居民的社会服务需求，如提供就业指导、法律咨询、税务帮助、医疗保健信息、社会援助、老年人服务和儿童保健信息等。公共图书馆可以与社会服务机构和政府部门合作，为社区居民提供支持和资源。提供社会服务有助于提高社区居民的生活质量，特别是对于那些需要额外支持的人群。

（六）社区参与

公共图书馆还能促进社区居民参与民主决策。公共图书馆可以提供会议和讨论空间，鼓励社区居民参与社区事务的决策和规划。公共图书馆可以扮演中立的角色，协助社区居民就重要问题达成共识。

通过参与社区决策，社区居民可以更好地了解社区的需求和问题，为社区发展提供有益的建议。公共图书馆可以帮助组织社区居民会议、座谈会等，以促进社区发展和解决社会问题。

（七）招募志愿者和合作伙伴

公共图书馆可以招募志愿者与合作伙伴，扩展其服务范围和资源储备。志愿者可以提供额外的支持，帮助公共图书馆组织活动、提供教育支持、管理数字资源和为社区提供社会服务。合作伙伴包括当地学校、社区组织、文化团体、政府部门和企业等，通过与这些合作伙伴合作，公共图书馆可以推动社区的发展，提高社区居民的生活水平。

（八）信息共享

公共图书馆在信息共享方面起到了关键作用。公共图书馆提供的准确和可靠的信息资源，可以帮助社区居民了解社区事务、健康、教育、就业和其他重要问题。公共图书馆可以通过提供书籍、报纸、杂志、数据库、互联网接入和信息咨询服务，帮助社区居民获取所需信息。

此外，公共图书馆还可以帮助社区居民提高信息素养，教社区居民如何评估信息的可信度，如何使用信息资源。这有助于社区居民更好地应对信息时代的挑战。

（九）推广阅读和文化

公共图书馆在推广阅读和文化方面发挥着重要的作用。公共图书馆可以与学校、作家和艺术家合作，组织阅读活动、书展、文学节和艺术展览等，鼓励社区居民深入阅读、感受文化魅力，提高文化素养和文学欣赏水平。

公共图书馆还可以提供文化节目和文化活动，包括音乐会、戏剧表演、电影放映、艺术课程和手工艺工作坊等，这些活动有助于提高社区居民的文化参与度，丰富社区文化生活。

综上可知，公共图书馆在社区中扮演着多重角色，不仅是信息资源的提供者，还是社区文化和教育的中心。通过与社区合作，公共图书馆可以更好地满足社区居民的需求，提高他们的生活质量。公共图书馆与社区的合作方式是多元的，可以根据不同社区居民的需求和特点进行调整。这种合作有助于建设更具包容性、更加多元化和更富有活力的社区。

四、社区参与公共图书馆项目

公共图书馆是社区的数据资源库，旨在提供广泛的文化、教育和信息服务。为了更好地满足社区居民的需求，公共图书馆越来越强调社区参与，即与社区居民合作，共同决策、规划、实施和评估公共图书馆项目。社区参与是一个强大的工具，可以帮助公共图书馆更好地理解社区居民的需求、增强社区凝聚力、提高公共服务的质量。

（一）社区参与公共图书馆项目的重要性

社区参与对公共图书馆项目的成功至关重要，它有助于确保公共图书馆服务符合社区居民的需求和期望，提高公共服务的质量和可及性。社区参与的重要性体现在以下方面：

1. 满足社区需求

社区参与可以帮助公共图书馆更好地理解社区居民的需求。通过与社区居民互动，收集反馈和建议，公共图书馆可以调整其服务和资源，以满足社区居民的需求。这有助于提高公共图书馆服务的相关性和实用性。

2. 增强社区凝聚力

社区参与有助于建立更好的社区关系网络，可以促进社区居民之间的互动和合作，增强社区的凝聚力。社区居民参与公共图书馆项目时，他们通常会感到与社区的关系更紧密，对社区的发展和繁荣更有责任感。

3. 提高公共图书馆的服务质量

社区参与有助于提高公共图书馆的服务的质量。社区居民可以提供有关公共图书馆服务和资源的反馈，帮助公共图书馆改进其提供的服务。这有助于公共图书馆提高服务的水平和读者满意度。

4. 促进民主原则的实现

社区参与强调民主原则，赋予社区居民更多的权利，有助于确保公共图书馆项目是根据社区居民的需求和期望制定的，并反映了社区的多样性和包容性。

5. 增强社区拥有感

通过参与公共图书馆项目，社区居民可以更好地感受到他们对公共图书馆项目的贡献。这有助于增强他们的社区拥有感和对公共图书馆的忠诚度。

6. 推动创新和变革

社区参与有助于推动公共图书馆的创新和变革。社区居民通常具有不同的观点和创新的想法，可以为公共图书馆项目提供新的视角和方法。

（二）社区参与的层面和实践方式

社区参与可以在不同的层面，以不同的实践方式进行。

1. 设立社区咨询委员会

公共图书馆可以设立社区咨询委员会，由社区居民组成，负责提出建议和收集反馈信息，参与项目决策和规划。

2. 举行社区会议和座谈会

公共图书馆可以组织社区会议和座谈会，邀请社区居民讨论公共图书馆项目和服务。这些会议有助于公共图书馆听取建议，与社区居民共同制订发展目标。

3. 开展社区项目合作

公共图书馆可以与社区合作，共同开展项目和活动。这些项目和活动包括文化活动、教育课程、数字素养培训等。

4. 招募社区志愿者

社区志愿者可在公共图书馆项目中发挥重要作用，为项目运作提供必要的支持。

5. 进行社区需求评估

为了更好地了解社区居民的需求，公共图书馆可以进行社区居民需求评估，了解他们的需求、优先事项和关注点。

6. 提供教育和培训

公共图书馆可以提供教育和培训，教社区居民如何参与公共图书馆项目和决策，以及如何评估信息和资源。

7. 组织读书俱乐部

公共图书馆可以组织读书俱乐部，邀请社区居民一起阅读和讨论书籍。同时，社区居民可以提出阅读需求和感兴趣的书籍，为公共图书馆采购书籍提供建议。

第六章 公共图书馆阅读推广活动

第一节 公共图书馆阅读推广活动的含义

"阅读推广"也可以称为"阅读促进",是在"阅读辅导""导读""读书指导""阅读宣传""阅读营销"等概念的基础上发展而来的。由于阅读推广活动涉及面广、灵活性强、拓展空间大,所以有狭义和广义之分。狭义的阅读推广主要指围绕某一主题开展的具体阅读活动;广义的阅读推广是一种新型的、介入式的公共图书馆服务,其目标人群是全体公民,活动化、碎片化是其主要特征,其主要目的是使不爱阅读的人爱上阅读,使不会阅读的人学会阅读,使阅读有困难的人跨越阅读的障碍。

对于公共图书馆来说,阅读推广是公共图书馆利用其信息资源、设备设施、专业团队和社会关系等各种条件,鼓励各类人群成为公共图书馆的读者,并培养其阅读兴趣、养成阅读习惯或提升其信息素养的一种实践活动。

阅读推广并非公共图书馆的"独家专利",其他各类组织机构通过各种手段,利用其自身的特点和优势,向目标人群施加影响,培养其阅读兴趣,促使其养成阅读习惯的各类活动都是阅读推广。

教育机构往往着眼于"学会"阅读,即掌握阅读技能,而公共图书馆是提供终身学习的场所，不仅致力于全面满足各类读者的阅读需求，而且提供各类阅读的"全程监护"，同时在阅读内容、手段和方法上都能给予配合和指导，并致力于信息素养的培育工作。在当今这个数字时代，公共图书馆更应该承担起读者数字素养的培育和保障职责，这也是其他任何机构开展阅读推广活动所无法比拟的，是公共图书馆在阅读推广方面的核心竞争力。

第二节 公共图书馆开展阅读推广活动的主要方式

一、传统的阅读推广方式

（一）通过流动图书馆开展阅读推广活动

公共图书馆一般坐落于人口较为密集的市区，对于偏远地区和特殊群体聚集地的人们而言，不是每个人都可以享受馆内服务的。为了能够满足偏远地区和特殊群体聚集地的读者对于知识的渴望，流动图书馆成为公共图书馆基层服务工作的发展趋势，也是公共图书馆开展阅读推广活动的方式之一。公共图书馆会按照特定群体的需求在流动图书馆中配置相应的图书。例如，走进农村服务时，流动图书馆在服务内容上会按照当地经济结构的特点，有针对性、引导性地提供服务；走进中小学时，流动图书馆会以少年儿童健康成长与课外阅读为主要方向进行书籍调配。流动图书馆拓宽了公共图书馆服务的覆盖面，满足了基层不同群体的阅读需求，并有效地提高了公共图书馆馆藏图书资源的流通率。

（二）通过与阅读相关的公益培训开展阅读推广活动

在网络信息化高速发展的今天，人们使用网络阅读和手机阅读的频率越来越高。需要注意的是，使用网络阅读方式的读者多为对新事物接受能力较强的年轻人，但社会中仍有许多中老年人并不习惯新的信息技术带来的阅读方式的改变。基于此，与阅读相关的公益培训引起了公共图书馆的重视。目前，我国已有20家公共图书馆开展了与阅读相关的公益培训，旨在帮助弱势群体平等地享受阅读的权利。

在经济发展水平较低的中西部地区，开展与阅读相关公益培训的现象更为普遍。例如，贵州省图书馆在世界读书日来临之际，面向希望学习信息技术使用方法的老年人开办了老年电脑知识公益培训班。培训的内容主要包括计算机和智能手机的操作、浏览网页、使用微信等实用性的网络信息知识。活动的开展得到了老年读者的广泛关注和积极参与。

（三）通过主题活动开展阅读推广活动

开展主题活动是公共图书馆开展阅读推广活动的最常见方式之一。我国的公共图书馆基本都是通过开展主题活动的形式来开展阅读推广活动的。每年世界读书日、中秋节、端午节等节日来临之际，公共图书馆就会结合节日主题，运用馆内的相关设备和人力资源开展不同形式的主题活动。常见的主题活动形式有主题讲座、主题展览、公益活动、征文比赛等。例如，安徽省图书馆为了增强公众的文化遗产保护意识，在"图书馆周"期间邀请专家介绍本省的非物质文化遗产项目，展示了江淮大地悠久的历史文化，并开展了免费鉴定古籍等相关主题活动，使读者感受传统文化的魅力所在。公共图书馆在馆内开展主题活动，通过主题活动的环境布置和现场氛围，使参与者感受到主题阅读推广活动的感染力，同时在网络平台进行线上的活动预告和宣传，吸引读者到馆参与阅读推广活动。

（四）通过图书推介开展阅读推广活动

图书推介是公共图书馆持续开展的一种阅读推广方式。公共图书馆对图书推介的利用率高达100%。无论是在馆内宣传平台上，还是在互联网平台上，公共图书馆通常都从馆藏图书和新书两个方面进行图书推介。馆藏图书推介是公共图书馆将特定的馆藏图书资源按照主题分类后，满足不同读者相应的阅读需求。新书推介是公共图书馆把新书整理分类后，通过线上或者线下的宣传形式，列出新书的书名、文摘、书评等内容，向读者进行阅读推荐，使读者产生阅读兴趣。目前，各公共图书馆的网页上大多都设置了图书推荐专栏，为读者阅读图书提供参考。

二、新兴的阅读推广方式

（一）通过微博开展阅读推广活动

1.公共图书馆微博的开通情况

微博作为一种新兴的网络传播工具，以其信息内容发布的个性化、信息传播的交互性和及时性、信息获取的自主性和选择性等特征，正越来越广泛地影响着人们生活的各个方面。公共图书馆在网络用户急剧增加的趋势下，纷纷将微博作为自身阅读推广活动信息发布的快捷平台。目前，微博推广已成为读者了解公共图书馆、获取公共图书馆信息资源的重要渠道。

2.公共图书馆微博阅读推广活动的服务情况

对公共图书馆的微博内容进行分析后，可归纳出我国公共图书馆的微博发文形式：①通知公告。例如，发布讲座和展览活动通知、图书馆节假日开放时间等，以便读者及时到馆自主学习和参与活动。②图书推荐。公共图书馆的微博大多设置了图书推荐、文摘、新书导读等专题，向读者介绍被推广图书的基本内容，并附上图书封面，以便读者欣赏。

除此以外，一些公共图书馆还利用书摘加图片的形式吸引读者阅读，如上海图书馆的"晨读上图"、重庆图书馆的"晚安心语"、黑龙江省图书馆的"龙图早安"等专题。③活动资讯。许多公共图书馆在开展阅读推广活动后，都会在微博上发布活动的具体内容以及活动现场照片，如福建省图书馆正谊书院的国学文化推广、首都图书馆的首都讲坛等。一些公共图书馆还会转发当地其他图书馆的活动资讯。

此外，公共图书馆还有各自独特的微博推广内容和形式，如上海图书馆通过"上图科普"专题向读者推广关于科普知识的各类图书；黑龙江省图书馆设置了"历史上的今天"专题，图文并茂地介绍历史上各个日期发生的重要事件和事件涉及的主要人物；内蒙古自治区图书馆在官方微博上推广馆内推出的特色"彩云服务"，使读者可以直接下单借书；宁夏回族自治区图书馆的"服务推介"专题让读者能更加全面地了解和利用图书馆推出的各项服务；吉林省图书馆将每天的热门搜索图书书名加入"今日热门检索"中，使读者了解当前的热门图书；南京图书馆将推广的文摘按照内容分为"名言""国学""诗词"等类别，使读者更容易找到自己感兴趣的专题进行阅读；安徽省图书馆在"语文课"中列举出各种易读错的字，帮助读者纠正错误发音，学好汉语。

分析公共图书馆微博阅读推广服务的情况可以看出，当前我国除个别公共图书馆外，已开通微博的公共图书馆虽然都在微博上自主开展了各种形式的阅读推广活动，主要有活动预告、图书推荐、文摘等，但各公共图书馆的用户关注度差异较大。

（二）通过微信公众平台开展阅读推广活动

1. 公共图书馆微信公众平台的开通情况

公共图书馆微信公众平台的应用虽然晚于微博，但发展势头迅猛。服务号和订阅号是微信公众平台的两种账号类型。服务号每个月仅能发送四条群发消息，但发给用户的消息有即时信息提醒，并会显示在用户的聊天列表中。订阅号每天都能发送一条群发消息，但消息没有即时提醒，并仅显示在用户的订阅号文件夹中。

2. 公共图书馆微信公众平台阅读推广服务情况

对于以传统阅读推广方式开展的公共图书馆阅读推广活动，通常较难展开评估与分析其效果，而微信公众平台中的数据可以在一定程度上反映出公共图书馆阅读推广工作的效果。

除了公共图书馆主动向读者推送阅读推广信息外，读者也可以在公共图书馆微信公众平台的"自定义"菜单中自主获取与阅读推广活动相关的信息。目前，仅有少数几个公共图书馆设立了专门的阅读推广菜单栏，如湖南图书馆设置了"阅读推荐"栏目，下设子菜单"电子书云阅读""热门书在线读""重要书单推荐""儿童推荐书目""中学基础书目"等类目，方便读者查找，以满足不同读者的阅读需求。其余大部分公共图书馆将阅读推广资源分散在不同的菜单栏中，如将"新书通报"设置在"微服务"菜单栏，在"数字资源"栏目下设"在线阅读"类目等，但是难以吸引读者的注意。

目前，我国公共图书馆已经全部开通了微信公众平台，其中绝大部分公共图书馆都在利用微信公众平台持续地推送阅读推广信息，其内容较为多样化，主要为阅读推广活动预告、图书推荐、馆藏资源推荐等。

鲜有公共图书馆在"自定义"菜单栏中设置"阅读推广"专栏，使用户查找资源的便利性大打折扣。另外，各个公共图书馆推送文章的平均阅读量差异很大，在一定程度上反映了各公共图书馆微信公众平台阅读推广的效果存在差异。

（三）通过官方网站开展阅读推广活动

通过对我国省级公共图书馆网页的阅读推广方式进行分析后发现，阅读推广活动方式可归纳为以下四类：

1. 在公共图书馆网站主页的各模块栏目中进行宣传

这是目前应用最为广泛的一种方式。我国省级公共图书馆网站均在栏目中加入了与阅读推广相关的信息。各公共图书馆通常在主页设置了"通知公告""阅读推荐""活动安排""数字资源"等栏目，读者可在首页直接看到最新的阅读推广活动、图书推荐、数字资源等各类信息。一些公共图书馆还对模块信息做了进一步的分类，如湖南图书馆将首页的"数字资源"细分为图书、期刊、视频点评和有声读物四个类型；内蒙古自治区图书馆将"阅读推荐"模块分为最新上架、专家推荐、读者推荐和借阅排行，方便读者根据分类寻找所需资源；首都图书馆和浙江图书馆将活动安排以日历的形式展现，当鼠标停在指定日期时，网页会显示对应日期馆内已举办的和即将举行的所有活动，使读者更直观地了解馆内每日的活动安排。虽然在首页的模块栏目中进行阅读推广宣传可方便读者直接找到相应的信息，但仍存在一定的问题，如当公共图书馆网站首页模块过多的时候，读者往往很难在繁多的信息中注意到阅读推广的信息，阅读推广的效果会受到影响。

2. 在公共图书馆网站设置与阅读推广活动相应的栏目

目前，在我国仅陕西省图书馆和宁夏回族自治区图书馆设置了阅读推广专门栏目，且阅读推广栏目中细分为讲座、资源、图书推荐等专题。阅读推广专门栏目的设置将各类阅读推广信息集中在一起，此种方式效果较好，便于读者全面地了解本馆的阅读推广活动。还有一些公共图书馆只是将阅读推广相关服务设置为一级栏目，如天津图书馆的"图书推荐"栏目、南京图书馆的"南京读书节"栏目等。另一些公共图书馆在网页中设置了"新闻动态""馆藏资源""读者园地""特色服务"等一级栏目，阅读推广信息则分别散布在此类栏目中。例如，辽宁省图书馆在"读者园地"栏目下设置了"在线展厅""辽图讲座""活动预告"等二级栏目；湖北省图书馆在"服务"栏目中添加了"新书推荐""在线展览""借阅排行"等栏目，当读者阅览网页时，需要在访问多个一级栏目后才能知晓阅读推广信息。因此，此种阅读推广方式的传播广度较窄。

3. 公共图书馆网站首页的图片轮播形式

动态图片容易吸引读者的注意力，有利于公共图书馆进行阅读推广信息传播。目前，在我国有10家公共图书馆采用了图片轮播形式进行阅读推广，且大部分仅将阅读推广活动的照片进行滚动播放，让读者了解馆内阅读推广活动的动态，如上海图书馆、贵州省图书馆、青海省图书馆等。而首都图书馆、浙江图书馆、广东省立中山图书馆则在图片轮播中加入了"服务推介"，宣传馆内的最新阅读推广服务。

4. 图书馆网站内设置相关服务链接

除四川省图书馆、湖北省图书馆以外，其他省级公共图书馆都在网站内提供了阅读推广的相关网页链接。其中，重庆图书馆、河南省图书馆、广西壮族自治区图书馆等大部分公共图书馆都在网站首页以图片或是友情链接专栏的形式提供各地区图书馆、地方报刊、免费数据库、政府公开信息平台等网页链接，以满足不同读者的阅读需求。甘肃省图书馆、新疆维吾尔自治区图书馆、安徽省图书馆等设置了"文化共享工程"一级栏目，分享省内的各类地方特色资源、名家讲坛等数字资源。

（四）通过24小时自助图书馆开展阅读推广活动

随着网络信息时代的发展，便捷性和即时性集于一身的数字阅读和移动阅读应运而生，为读者提供了不受时间和地点限制的阅读体验。然而在读者群体中仍然存在着相当一部分喜欢阅读纸质书籍的读者，这对固定时间和场所开放的公共图书馆传统阅读方式提出了挑战。24小时自助图书馆是利用智能化设备及射频识别技术来实现办证、查询、预约、借书、还书、续借、缴纳逾期费等服务功能的新型图书馆。读者可以利用街区的24小时自助图书馆就近借阅或归还图书。阅读的便利性能够激发读者的阅读兴趣，同时提高公共图书馆馆藏资源的利用率。

在我国省级公共图书馆中，24小时自助图书馆的应用并不普遍，目前仅有首都图书馆等8家公共图书馆配备了24小时自助图书馆进行阅读推广活动。内蒙古自治区图书馆在其楼前广场设立的两处24小时自助图书馆中共有1000多本图书供读者挑选，读者可在其中任意挑选两本图书借阅。除此之外，内蒙古自治区图书馆还提供24小时自助图书馆的配套设施，即在楼前广场设置了24小时汽车还书口，方便开车的读者归还图书。24小时自助图书馆里还配置了阅览座椅，为需要的读者提供全天候的阅读服务。24小时自助图书馆通过智能化的技术设备，打破了公共图书馆在时间上和空间上的限制,在公共图书馆经费保障的基础上有不断发展的趋势。

(五)通过读者荐购开展阅读推广活动

读者荐购是国内公共图书馆基于读者决策采购模式,根据我国国情和馆情发展而来的一种读者参与馆藏建设的文献资源建设模式。目前,我国已有12家公共图书馆通过读者荐购来开展阅读推广活动,主要方式为网页表单填写、E-mail或电话荐购、与书店合作荐购等。该模式旨在满足广大读者的个性化阅读需求,提高馆藏图书资源利用率,使读者由文献资源的接受者变为文献资源建设的决策者。以内蒙古自治区图书馆为例,其从2014年5月起推出了"彩云服务"——持有读者证的读者,可以根据馆内规定的馆藏购书范围、借阅制度等,在内蒙古自治区的新华书店等实体书店挑选图书,并且在书店办理借阅手续后即可借阅所需图书,无须支付任何费用。

公共图书馆开展的读者荐购活动,能够使馆内图书资源满足读者的个性化阅读需求,充分体现出"以读者需求为中心"的馆藏建设理念,这是公共图书馆资源建设的一种重要模式。读者荐购模式协助读者提高了获取文献资源的效率,充分体现了公共图书馆为读者服务的职能。读者荐购能突破馆员知识的局限性,根据读者的需求合理地调整馆藏文献结构、丰富馆藏资源,并提高公共图书馆馆藏文献资源的流通率。但读者荐购的图书资源可能会偏离公共图书馆馆藏发展计划,导致在资金有限的情况下让省级公共图书馆采购过多的非核心图书,因此,读者荐购模式所占比例不宜过大,要根据公共图书馆的整体建设目标来确定其所占比例。

第三节 公共图书馆阅读推广活动的特点

公共图书馆的阅读推广活动，无论是以馆藏为中心，还是以读者为中心，与其他行业的阅读推广活动相比，都具有以下四个方面的显著特点：

一、全面性

阅读推广就是对现代公共图书馆基本理念的实践，虽然从具体的阅读推广活动来说，它应该是有确定人群和主题的，但总体而言，公共图书馆阅读推广活动的对象应该是全体公民，是全方位、全覆盖的，其普遍均等的全面性尤其体现在对特殊人群和弱势群体的重视上。

二、系统性

与其他机构的图书资源相比，公共图书馆馆藏最大的不同之处在于其是经过有序组织的，即凡是纳入公共图书馆馆藏体系中的资源，均是经过筛选和加工的，有一定的质量保证和权威性，且本身就带有许多对知识之间的关系的描述。因此，公共图书馆实施的阅读推广活动可以做到如同它的馆藏发展一样有体系、有规划，涉及各个学科领域、各种类型和各个层次的读者。

三、职业性

公共图书馆本身因阅读而存在，提供阅读材料是公共图书馆的功能之一。长期以来，公共图书馆虽然并不注重主动开展阅读推广活动，但公共图书馆本身就是推广阅读、推崇知识的象征。现在，公共图书馆已经开始主动将阅读推广活动纳入其业务流程，开始将阅读推广作为公共图书馆的一项基本服务，依靠整个社会的力量，将公共图书馆的职业能量空前地释放出来。

四、专业性

公共图书馆工作长期积累的关于资源、载体、组织、描述、揭示、检索和业务管理等方面的专业知识，构成了图书馆学的丰富内容。开展阅读推广活动需要针对不同的资源类型、内容特征、组织方式，以及不同的读者对象，采取不同的推广策略，以不同的指标进行评估测量。在这方面，图书馆学的既有研究成果就能发挥一定的作用，其不仅有助于提高阅读推广工作的水平，而且能使阅读推广研究从一开始就具有一个很高的起点，使其更具有科学性和专业性。总之，阅读在数字媒体时代被赋予了比传统媒体时代更多的含义。

公共图书馆通过提供阅读环境、工具、材料等，以及介绍、示范、体验、介入、参与等方式进行影响和宣传，让读者参与阅读活动。这是阅读推广的工作内容，也是公共图书馆义不容辞的责任。

让读者在公共图书馆提供的环境下进行交流学习，培养创新能力，也赋予了公共图书馆服务新的内容和意义。只有把阅读推广活动与公共图书馆服务有机地结合起来，才能推动公共图书馆业务发展，真正将阅读推广纳入公共图书馆的主流业务中去。

第四节 公共图书馆阅读推广活动的设计、实施与评估

一、阅读推广活动的设计

阅读推广活动的设计是公共图书馆推动全民阅读的关键环节。经过精心设计的阅读推广活动，可以吸引更多的读者，激发他们的阅读兴趣，提高他们的阅读素养。设计阅读推广活动包括以下关键步骤：

（一）确定活动的目标和目标受众

在设计阅读推广活动之前，首先需要明确活动的目标和目标受众。活动的目标应该与公共图书馆的使命和愿景保持一致，并可以量化和具体化。目标受众包括儿童、青少年、社区居民等。明确的目标和目标受众有利于活动的实施。

（二）了解目标受众的需求和兴趣

了解目标受众的需求和兴趣是活动设计的关键环节。公共图书馆需要研究目标受众的文化程度、教育水平、经济状况和阅读习惯，以确定哪些活动和资源对他们最有帮助。公共图书馆可以通过调查、焦点小组讨论、观察和反馈收集等方式来获取信息。

（三）选择适当的活动和资源

根据阅读推广活动的目标和目标受众的需求，公共图书馆选择适当的活动形式（如书展、读书俱乐部、讲座、工作坊）和资源（包括纸质

资源和数字资源)等。活动和资源应该与目标受众的需求和兴趣相匹配。

(四)制订详细的计划和时间表

一旦选择了活动和资源,就需要制订详细的计划和时间表。计划应包括活动的日期、时间、地点、内容、参与者、讲师、志愿者等方面的详细信息。时间表应明确活动的开始时间和结束时间,以及各个阶段的工作进展。

(五)分配资源和预算

要确保活动顺利进行,就需要分配足够的资源和预算。资源包括人力资源、资金、物质资源等。预算是指应明确活动的各个方面的费用,如宣传、场地租赁、讲师和材料费用等。

(六)宣传和推广

活动的成功与否与宣传和推广的效果密切相关。公共图书馆需要制订宣传计划,包括使用不同的宣传渠道,如社交媒体、传单、海报等。宣传和推广应具有吸引力,能够吸引目标受众的注意。

(七)建立合作伙伴关系

与其他组织、学校、社区机构和志愿者建立合作伙伴关系是活动策划的重要环节。合作伙伴可以提供更多的资源和支持,以增强活动的效果。建立合作伙伴关系需要明确各方的责任和利益。

(八)监测和评估

定期监测和评估活动的效果是活动设计的关键步骤。公共图书馆需要收集数据和信息,以了解活动的影响和效果,包括定期进行数据收集、反馈收集、调查和分析。

通过明确的目标、了解目标受众的需求、选择适当的活动和资源、宣传推广、建立合作伙伴关系、提供培训和支持、进行监测和评估，公共图书馆可以更好地实现其阅读推广活动的预期目标，提高全民的阅读素质和文化素质。

二、阅读推广活动的实施与评估

阅读推广活动的实施和评估是确保活动的有效性和持续改进的关键环节。通过认真实施活动和定期评估其效果，公共图书馆可以更好地满足读者的需求，提高其阅读素养，推动文化的普及。

（一）阅读推广活动的实施

1. 活动的准备

在实施阅读推广活动之前，公共图书馆需要进行充分的准备，包括活动场地的准备、资源的准备、讲师或志愿者的准备等。要确保所有必要的条件都已具备，以确保活动能够顺利进行。除此之外，还要制订清晰的宣传计划。宣传和推广活动是确保活动成功的关键，因此，要制订清晰的宣传计划，使用不同的宣传渠道，如社交媒体、传单、海报等，提高公众对活动的认知度。宣传和推广活动应具有吸引力，能够吸引目标受众的注意。

在实施阅读推广活动前，公共图书馆还要与学校、社区机构和志愿者建立合作伙伴关系，这是活动获得成功的关键。合作伙伴可以提供更多的资源和技术支持，推动阅读推广活动顺利进行，取得良好的效果。

在活动准备阶段，要确保活动的可持续性，不仅要关注短期成效，还要考虑长期影响，确保活动能够持续吸引人们的参与。

2. 活动的开展

在活动的开展阶段，需要按照事先制订的计划和时间表开展活动，确保活动按照计划进行，包括活动的内容、流程、参与者的管理等。活动的开展阶段需要有专人负责活动的组织和管理，以确保一切顺利进行。

在活动中需要为参与者提供培训和支持，包括阅读技巧、信息素养和批判性思维的培训，以帮助他们更好地参与活动，获得良好的体验，提高阅读能力。

在活动中，活动组织者与参与者的互动是活动成功的关键。与参与者积极互动，可以收集他们的意见和建议，了解他们的需求和期望，更好地改进服务。这可以通过问答环节、小组讨论、反馈表、问卷调查等方式来实现。

为了吸引不同兴趣和需求的读者，阅读推广活动应提供多样化的活动形式和资源，使不同人群的需求得到满足。

（二）阅读推广活动的评估

1. 监测活动的进展

在活动实施过程中，需要定期监测活动的进展，包括监测活动的参与人数、参与人的反馈、参与人在活动中遇到问题等方面的数据和信息。这有助于及时发现问题和调整活动。

2. 收集意见和建议

收集参与者的意见和建议是活动评估的重要部分。通过问卷调查、小组讨论、反馈表等方式，公共图书馆可以了解参与者对活动的看法和建议，了解活动的效果和参与者的满意度，为后期改进服务提供支持。

3. 评估活动的影响和效果

定期评估活动的影响和效果是确保活动成功的关键。评估包括活动的目标是否达到、参与者的阅读能力是否得到提高、活动对社会的影响等方面的数据和信息。评估可以使用不同的方法，如定量分析、定性分析、案例研究等。

4. 适时调整活动

公共图书馆要根据监测和评估的结果适时调整活动。如果发现活动不起作用或需要改进，应采取行动，提高活动的效果。适时调整活动是确保活动持续改进的关键。

5. 持续改进

评估的结果可以用于持续改进活动。根据评估的结果，公共图书馆应采取行动，优化活动的设计和实施。这包括改进活动的内容、形式、宣传方式、资源配置等方面，以使活动更具吸引力。

6. 提供积极的反馈和奖励

为了鼓励参与者积极参与，公共图书馆可以提供积极的反馈和奖励。奖励可以是实物奖励、证书、荣誉称号等。积极的反馈和奖励能增强参与者的动力，提高他们的满意度。

7. 共享实践经验

在活动评估的过程中，公共图书馆可以获得更多的实践经验。这些经验可以与其他组织共享，以促进阅读推广工作的共同进步。共享经验可以通过会议、研讨会、论坛等方式来实现。

（三）实施和评估阅读推广活动的注意事项

实施和评估阅读推广活动要注意以下几个方面：①要定期监测活动

的进展和评估活动的效果，不仅要关注短期成效，还要考虑长期影响；②要收集多种类型的数据和信息，包括定量数据和定性数据，以全面了解活动的效果；③要建立反馈机制，鼓励参与者提供反馈和建议，以不断改进活动；④要制定清晰的评估指标和标准，以便衡量活动的效果和目标的达成情况；⑤要与其他组织共享实践经验，促进阅读推广工作共同进步；⑥要不断学习和改进，根据评估的结果反思自己的工作，提高工作质量；⑦要提供积极的反馈和奖励，以鼓励参与者的积极参与。

第七章　公共图书馆阅读推广活动实践模式

第一节　利用社交媒体进行阅读推广

社交媒体已经成为人们日常生活中不可或缺的一部分，它不仅是一个沟通的工具，也是一个强大的推广平台，其对阅读推广的作用也愈发明显。通过社交媒体，公共图书馆和其他教育机构可以实现更广泛的读者参与，还可以提高读者的阅读素养，促进阅读文化的普及。

一、社交媒体的优势

（一）促进宣传和推广

社交媒体是宣传和推广阅读活动的有效工具。社交媒体具有广泛的受众覆盖面，可以迅速传播信息和宣传活动。通过社交媒体平台，公共图书馆可以发布活动信息、资源推荐、阅读建议，吸引读者的关注。通过定期更新和互动，可以提高活动的知名度和吸引力，轻松地接触到潜在的读者，无论他们身处何地。

（二）互动性和参与性

社交媒体平台提供了丰富的互动和参与机会，公共图书馆可以在社交媒体上举办在线读书俱乐部、讨论会、问答环节等，与读者建立更紧密的联系。读者可以与公共图书馆、作者和其他读者进行互动。这有助于建立读者社区，分享阅读经验，讨论书籍和话题，增强读者之间的互动和参与感。

（三）提供多样化内容

社交媒体允许公共图书馆根据不同读者群体的需求和兴趣，提供定制化和个性化的内容，包括书评、作者采访、阅读技巧、文学活动信息等。这有助于满足不同读者的需求，提供更具吸引力的内容。

（四）实时更新和即时反馈

社交媒体能做到信息的实时更新和即时反馈。公共图书馆可以及时发布活动信息、资源推荐和阅读建议，读者可以随时提出问题和反馈并得到及时的回应。这有助于建立良好的读者关系，提高读者满意度。

（五）多媒体内容

社交媒体平台支持多媒体内容的分享，包括图片、视频、音频等。这使得公共图书馆可以更便捷地展示书籍及阅读活动等，同时提高读者对数字化阅读的认知和使用率，吸引更多的读者。

（六）成本效益

相对于传统的宣传和推广方式，社交媒体具有更低的成本。通过社交媒体，公共图书馆可以以较低的成本传播信息和推广活动，提高资源的利用效率。

（七）开展联合推广与合作

社交媒体可以帮助公共图书馆与其他公共图书馆、学校、社区机构等建立合作伙伴关系。通过合作推广，公共图书馆可以提供更多的阅读机会。

（八）监测和评估

社交媒体可以用于监测和评估阅读推广活动的效果。通过分析社交媒体数据，公共图书馆可以了解活动的参与人数、互动程度、受众反馈等信息，评估活动的影响和效果。这有助于及时调整和改进活动，以提高其效果。

二、社交媒体对阅读推广的重要性

社交媒体作为促进阅读推广的重要工具，其重要性体现在很多方面。

社交媒体平台可以精确定位目标受众，根据兴趣、年龄、地理位置等因素来推广阅读材料。这意味着社交媒体可以将推广内容呈现给真正对阅读材料感兴趣的人。

社交媒体是一个强大的品牌曝光工具。通过在不同平台上发布作者的相关书籍或阅读活动的内容，可以增加作者的知名度，让更多人了解公共图书馆发布的内容。

社交媒体为作者和读者之间创造了直接联系的机会。作者可以与读者互动，回答问题，分享创作过程，建立更紧密的联系。

三、社交媒体促进阅读推广的策略

（一）创建专业的社交媒体资料

在开始利用社交媒体进行推广之前，要确保社交媒体资料看起来专业。这包括一个清晰的头像、有吸引力的封面图片，以及详细的内容简介，内容简介要介绍作品的主要内容，吸引读者的阅读兴趣。完善的资料将给人留下积极的第一印象，增加读者关注的可能性。

（二）选择合适的社交媒体平台

并非所有社交媒体平台都适合所有类型的阅读推广，需要根据目标受众和阅读材料的性质来选择合适的平台。例如，微博适合短文本和即时信息的分享；微信可以用于建立社群和组织阅读活动。选择适合的平台，以确保推广达到最佳效果。

（三）定期发布有趣的内容

公共图书馆需要定期发布有趣的内容来吸引读者，如分享有关阅读、写作、文学或相关主题的文章、视频、图片、链接等。在社交媒体上保持活跃，与读者分享有价值的信息，将吸引更多人关注公共图书馆的信息。

（四）制订内容计划

制订一个内容计划，以确保社交媒体推广是连贯的和有针对性的。计划发布时间，确保定期分享新内容。同时，考虑创建主题周或主题月，围绕特定主题分享相关内容，这将有助于吸引更多的读者。

（五）创造吸引人的内容

社交媒体读者通常对有趣、吸引人的内容容易产生兴趣。使用视觉内容，如图片和视频，来增加吸引力。此外，还可以使用有趣的标题和引人入胜的叙事来吸引读者的注意。内容的质量比数量更为重要，所以确保公共图书馆发布的每一条信息都是有价值的。

（六）与读者互动

积极与读者互动是社交媒体促进阅读推广的关键。回复评论、提出问题、鼓励读者分享他们的观点和经验。建立有意义的对话，使读者感到他们是重要的一部分。这将增加他们的忠诚度，并鼓励他们更多地参与公共图书馆的推广活动。

（七）使用相关标签和关键词

在发布内容中使用相关的标签和关键词，可以使发布内容更容易被关注。当读者在社交媒体上搜索特定主题或关键词时，使用适当的标签和关键词可以增加发布内容在搜索结果中的可见性。此外，一些社交媒体平台也提供了热门标签或趋势话题，公共图书馆可以使用这些将发布内容与当前的热门话题联系起来。

（八）利用广告和促销工具

社交媒体平台通常提供广告和促销工具，这可以帮助扩大阅读推广的影响。通过定位广告，可以将发布内容呈现给更多的目标读者。公共图书馆可以考虑制定广告预算，以便在关键时期提高其曝光度，比如书籍发布时。

（九）合作和推广

合作是社交媒体促进阅读推广的重要手段。与作家、阅读俱乐部、书店或出版商合作，共同推广阅读材料，如共同主持线上阅读活动、合作发布内容，或互相提及和链接对方的社交媒体资料。合作能扩大读者群，增加曝光度，对合作双方都有好处。

（十）制订竞赛和奖励计划

竞赛和奖励计划是吸引读者参与的强大工具，公共图书馆可以组织书评比赛、写作竞赛，提供签名书和其他奖品作为激励。这些竞赛和计划能激发读者的兴趣，促使他们积极参与，并分享发布的内容。

（十一）发布幕后内容

让读者深入了解作者的创作过程，分享幕后内容，包括写作日记、创作灵感、研究材料等。读者通常对了解作者故事背后的故事更感兴趣，这可以建立更深层次的联系。

社交媒体是一个强大的工具，可以用来推广阅读材料，无论是作者、出版商、书店，还是公共图书馆，通过建立专业的社交媒体资料、选择适合的平台、制订内容计划、与读者互动、使用标签和关键词、利用广告和促销工具、制订竞赛和奖励计划、发布幕后内容，以及定期分析和优化活动内容等，能有效地吸引更多读者，增加阅读材料或文章的曝光度。利用社交媒体进行阅读推广是一个持久的过程，需要时间和耐心，坚持下去就能带来长期的益处。

四、利用社交媒体进行阅读推广面临的挑战

利用社交媒体进行阅读推广时需要应对一些挑战。

隐私和安全：利用社交媒体进行阅读推广时需要保护读者的隐私，确保数据的安全。公共图书馆应制定隐私政策和安全措施，以保障读者的权益。

噪声和信息过载：社交媒体上充斥着大量信息，读者可能会感到信息过载和混乱。公共图书馆需要确保发布的信息具有针对性和吸引力。

负面评论和争议：社交媒体上可能出现负面评论和争议。公共图书馆需要准备好应对负面评论和争议的策略，维护声誉和信誉。

时间和资源：使用和维护社交媒体需要投入时间和资源，包括内容制作、互动管理、数据分析等。公共图书馆需要合理分配资源，确保社交媒体活动的顺利进行。

版权：在社交媒体上分享内容时，需要遵守版权和知识产权法律。公共图书馆需要确保所分享的内容符合法律规定。

社交媒体对阅读推广具有重要作用。通过社交媒体，公共图书馆可以与广泛的读者群体建立联系、提供定制化的内容和活动、促进互动和参与、提高数字化阅读的普及度、推动阅读文化的发展。通过合理的规划和实践，社交媒体能成为公共图书馆推动阅读推广的有力工具，提升阅读文化的普及和影响。

第二节　利用读书会与竞赛进行阅读推广

一、读书会

读书会是一种阅读交流活动，活动形式通常为读书报告交流会、阅读研讨会、阅读沙龙等，主要目的在于推荐图书、推广阅读、增进交流与理解，是公共图书馆中外通用、历久弥新的阅读推广方式。读书会的运作流程包括：确定讨论主题、确定讨论图书、寻找讨论引导者、宣传、以报名或预约的方式确定参与者、开展阅读交流、汇总及整理讨论会材料、评估成效。读书会的实施形式通常为一名或数名引导者（如语言文学类教师或作者）及参与人员就某本书或某类书交流相关问题、观点或阅读体会。

例如，我国某市图书馆以联合组建读者协会的形式开展的系列读书活动，大大拓展了读书会的活动形式与目标。该馆在图书馆党委的合作支持下，组建了读者协会，开展的主体活动有：①新书点评与导读，组织协会成员撰写重点、热点新书概要并发布在图书馆网站上，向读者宣传推介新书。②每半个月或一个月组织一次读书沙龙，邀请嘉宾就通过调研得出的读者关注度较高的文化热点问题展开讨论与对话。③定期举办书评、影评及征文活动，如"读一本好书，看一部好电影"活动；该馆在推出50本经典读物后，组织读者撰写评论，并进行评奖及交流活动。该馆依托于读者协会开展读书活动，使读者的综合能力得到了有效的锻炼与提升。

　　一个良性运作且持续发展的读书会，对于公共图书馆的发展及文化影响力来说具有重要的意义。从上述实践来看，读书会能否可持续及有效地运转，取决于公共图书馆是否具备三种能力：第一，是否具备维护优良和较为稳定的阅读、讨论、引导群体的能力；第二，是否具备发展壮大读书会参与者的有力机制；第三，是否拥有适合的场所、设施、经费及人员来支撑读书会的运行。由于维持读书会需要良好的公共关系及人才、物力的支撑，而这些因素确实影响了许多公共图书馆，所以公共图书馆在开展读书会活动时须采取有效的策略：①按照适当的周期，交替举行不同规模的读书会，在兼顾相对较为小众的阅读交流需求的同时，满足读者普遍广泛的、较为大众的阅读交流需求。这样一方面能够保证读书会持续良性地开展，另一方面可以使读书会整体的发展呈现有特色、有内涵、有高潮、有效果的较为理想的状态。②拓展图书馆公共关系，与举办读书会涉及的各方支持力量建立合作。例如，与有相同兴趣的学校合作开展读书会，以取得较为充足的学生读者的支持；发现擅长做分享交流的读者，以及对读书活动具有热情的教师，与之建立较为稳定的长期合作关系；与相关学生社团合作，以取得读书爱好者的支持，使读书会真正起到激发读书热情、全方位解读、增进深度理解的作用。又如，与具有丰富作者资源的出版社合作举办读书会，增加作者与读者见面交流的机会。再如，与其他机构合作，如出版商、数据库厂商或网站，在宣传合作机构的同时缓解活动经费困难的问题，并最终达到推动读书会运作、增进知识储备力量的目的。

二、竞赛

（一）竞赛活动的类型

竞赛是在一定规则下，比较能力、技术高低的一种活动形式，在公共图书馆内也是常见的活动形式之一。从阅读推广的角度来看，任何一种活动的目的都是培养参与者的阅读兴趣和阅读习惯，提高他们的阅读质量和阅读能力。因此，竞赛虽然常常与其他活动形式结合开展，但活动的内容始终围绕着阅读能力，使用的道具也离不开书。

根据活动参与方式的不同，竞赛活动可分为现场型竞赛和作品征集型竞赛两种：现场型竞赛，是指参赛者在同一时间、同一场地内完成某项任务，并且能够当场公布比赛结果的形式，如朗读比赛、演讲比赛、知识问答比赛等；作品征集型竞赛，是将某一主题或某一类型的创作作为比赛内容，读者不需要在现场创作，只需要在规定的时间内提交比赛作品，由活动组织方组织评委评选后公布比赛结果，如书评、诗文比赛等。

（二）竞赛活动的特点

竞赛活动的特点体现在对读者有显著的激励作用和长效的影响力两个方面。

1. 显著的激励作用

竞赛活动的激励作用主要体现在两个方面：一方面是为读者提供了展现个人才能的平台，而名次、称号的获得为读者提供了精神层面的满足感；另一方面，奖品等物质奖励在不同程度上对参赛者也有一定的激励作用。总的来说，竞赛活动能对参赛者起到各方面的激励作用，能提高读者阅读的积极性和主动性。另外，其奖励方式的选择范围比较广，可操作性较强，在阅读推广中有着较为广阔的拓展空间。

2. 长效的影响力

一次竞赛活动从预热宣传、报名、预赛、决赛到公布成绩与推送，相关活动持续时间较长，在保障宣传的情况下，能在一定时间内获得人们的关注，形成长效的影响力。

（三）关键实施因素

1. 成立组织委员会

为了保障竞赛的顺利举办，首先需要成立一个专门的活动组织委员会（以下简称"组委会"）。组委会根据需要下设不同职责及对应小组。组委会通常有四个职责：第一，联络与组织，保障所有活动主办方、协办方和参与者之间的消息传递通畅；第二，制定竞赛流程、竞赛规则和竞赛内容；第三，后勤保障；第四，作为评委为选手和作品打分。只有不同的小组各司其职，才能顺利地完成整个活动。

2. 竞赛流程及规则设计

流程和规则是竞赛活动"比什么"与"怎么比"的重要说明。如果是现场竞赛，在流程设计上需要尤其注重活动现场安排、设备准备、人员调控等问题；如果是作品征集型竞赛，在设计活动各流程时要关注作品提交方式、联络人设置等问题，保障整个活动各个流程的顺利衔接。

第三节　利用图书漂流进行阅读推广

一、图书漂流的起源与发展

（一）图书漂流的起源

图书漂流起源于20世纪六七十年代的欧洲，读书人将自己读完又不再阅读的图书贴上标签（一般为黄色）放在公共场所，如公园的长凳上，拾到这本书的人可取走阅读，读完后（可能会附上阅读故事、心得等信息）再将其放回公共场所，任其漂流，让下一位爱书人阅读，如此往复。图书漂流没有借书证，不需付押金，也没有借阅期限，这种好书共享的方式，让知识因传播而美丽。如今越来越多富有想象力的书友在投漂图书时设定了自己的漂流规则，使图书的漂流过程变得更加丰富多彩，图书漂流的方式也不再局限于投放户外一种。例如，有一位书友过生日时朋友送了他一本书，阅读之后，他产生了一个想法，就是让这本书在每个过生日的书友中传阅。这本书不再直接投放到公共场所，而是通过书友之间传递的方式，在恰当的时间传递到恰逢要过生日的书友手中。

（二）图书漂流的发展

随着互联网的普及，图书漂流变得更有效率、更普及。2001年，为了让那些尘封的图书再次进入社会，成为世界各地热爱读书人的共享资源，美国人罗恩·霍恩贝克（Ron Hornbaker）在其妻子和两位志同道合的朋友的协助下，成功地创办了"图书漂流网站"。该网站的标志是一本奔跑的书，理念是"爱它，就释放它"，非常朴素隽永。该网站自问世以来深受世界各地热爱读书者的欢迎，如今该网站注册会员已经遍及世界各地。图书漂流的"分享、信任、传播"宗旨与"每个人都有阅读的权利""社会有责任保证每个人都有机会享受阅读的利益""让世界上每一个角落的每一个人都能读到书"等公共图书馆精神相吻合，使其在国际图书馆界、出版界、教育界等领域深受推崇。

我国的图书漂流始于 2004 年初，即春风文艺出版社在国内组织策划的全国首个图书漂流大型公益性活动；2004 年 3 月，深圳的一位记者第一次尝试了图书漂流；2004 年 5 月，在南开大学校园内发起了第一个由大学生实施的图书漂流；2006 年 5 月，吉林大学图书馆率先在高校图书馆组织开展了图书漂流。如今，全国各地的公共图书馆、出版社、新华书店、社区、个人等纷纷开始组织图书漂流，而拥有丰富资源和独特优势的公共图书馆更积极地将图书漂流作为阅读推广工作的重要形式加以推广。

二、图书漂流的意义

（一）促进文化交流与传播

图书漂流让书籍跨越地域、年龄和时间的限制，让读者有机会接触到更多类型的图书。在这个过程中，人们可以互相交流读书心得，分享见解，拓宽视野。图书漂流不仅有助于个人成长，还能促进社会文化交流，拉近人与人之间的距离。

（二）提高阅读兴趣和素养

图书漂流能让更多人参与到阅读中来，感受书籍的魅力。对于不喜欢阅读的人来说，这是一个尝试和接触阅读的好机会。而对于喜欢阅读的人来说，图书漂流能让他们接触到更多好书，丰富自己的知识储备。长期来看，图书漂流有助于提高整个社会的阅读素养，营造良好的阅读氛围。

（三）培养社会责任感和环保意识

图书漂流倡导资源共享、绿色环保的理念。在图书漂流过程中，读者不仅要关心书籍的传递，还要关心环境保护。这有助于培养人们的环保意识和责任感。此外，图书漂流还能让更多人关注公益事业，为社会贡献自己的力量。

（四）增进情感交流

图书漂流是一种人与人之间的互动，它让书籍成为传递思想和情感的纽带。在图书漂流过程中，人们可以结识志同道合的朋友，分享彼此的喜怒哀乐。这对于增进情感交流具有积极作用，有助于构建和谐社会。

（五）传承优秀文化和传统

图书漂流有助于传承优秀文化和传统。通过书籍的传递，我们可以了解更多民族、地区和时代的优秀文化，将这些文化传承下去。这对于弘扬民族文化，增强民族自信心具有重要意义。

三、图书漂流的注意事项

公共图书馆需要先厘清以下三个问题，才能有效地开展读书漂流活动，实现活动目标。

（一）图书漂流的性质问题

公共图书馆开展的图书漂流，既不同于传统的借阅，也不是好书推荐活动，它是一种具有独特宗旨、目标和方式的阅读推广活动，具有既新鲜又神秘的阅读交流体验。公共图书馆应该摒弃传统的读者服务理念的影响。在具体的活动过程中要注意以下三个环节：一是在漂流物的选择上，既要选择读者喜欢的、流动性强的、积极向上的图书、期刊、光盘等资源，也要关注读者的喜好，并注重发挥读者在选择漂流物过程中的主体作用；二是在漂流形式的选择上，既要积极采用更自由、更时尚、更浪漫、更有趣的方式开展活动，也要确保活动和漂流物处于有效控制范围内，避免活动处于无组织、无秩序的状态；三是在漂流目标的定位上，既要保证阅读推广活动的效益和活动的持漂率，也要注意对参与活动的读者进行文明诚信教育，保证活动的回漂率。

（二）图书漂流的管理问题

国内外的实践经验显示，图书漂流中最令人担忧的就是"断漂"问题。如何有效地解决这一问题，将是图书漂流能否持续发展的关键。问题具体涉及活动管理中的两个概念，即持漂率和回漂率。有调研发现，制定严格的活动规章制度并采取积极有效的管理措施会显著提升回漂率，但很可能影响或制约活动的持漂率和漂流路线的长度。相对来说，图书漂流还是一个新鲜事物，在漂流资源相对紧张的情况下，考虑回漂率在所难免，但过分强调回漂率，会导致活动的本质和宗旨发生变化。即使是在图书漂流比较盛行和繁荣的欧美国家，图书的持漂率也只有20%～25%，所以就目前我国的社会阅读大环境而言，在开展图书漂流过程中，公共图书馆应该采取适度的疏导和管理政策，尽可能提高持漂率与延长漂流路线的长度。同时，公共图书馆应该积极拓展图书漂流的资源渠道，提高活动资源的供给量，从侧面缓解回漂率低的问题。此外，还要加强与相关部门的合作，增强读者的共享意识和诚信教育，从正面解决断漂的问题。

（三）图书漂流的范围问题

基于图书漂流组织困难、资源紧张等问题，目前公共图书馆开展的图书漂流多是面向部分读者的。从实际活动情况来看，即使回漂率达到80%以上，其实际效果也并不算理想。究其原因，图书漂流的阅读推广效果和持漂率、漂流路线的长度关系最为密切。因此，公共图书馆图书漂流中的图书应该更多地漂向社会，惠及大众。只有这样，持漂率和漂流路线才能有更多的提升空间。同时，随着漂流范围和方向的拓展与延伸，活动的宣传效果、参与度和总体效益也将逐渐增强。另外，积极邀请不同读者群体加入图书漂流，不仅有利于全民阅读推广工作的进一步开展，而且有助于拓宽漂流图书的来源渠道，使漂流图书的数量不断地增加。

四、图书漂流的组织

（一）转变工作理念

近年来，如何充分利用馆藏资源，特别是纸质资源，遏制资源使用率下降，已经成为公共图书馆亟待解决的重大问题。而图书漂流这类新颖的阅读推广活动，可能是解决问题的突破口之一。公共图书馆首先要树立开展图书漂流的理念,同时要转变"重藏轻用""爱不释手"的观念。为了增加漂流图书的数量、拓宽来源渠道,不仅要鼓励广大读者积极捐书,而且要积极地将好书"漂"出去,还要在年度预算中预留每年用于图书漂流的经费。在工作初期,思想观念的转变尤为重要,务必避免"对捐赠图书进行精心挑选以充实馆藏,而将其余图书用于漂流"的现象发生,同时要避免将那些几乎全无利用价值的馆藏资源填充进漂流书架和站点。图书漂流要力争做到"将好书漂向读者,让书香沁人心脾",旨在发挥资源的利用价值,促进读者阅读和共享阅读。

(二)转变角色定位

公共图书馆全权负责图书漂流的各项工作和全部环节,不仅不利于激发读者的聪明才智和活动创意,而且不利于活动的持续开展和活动宗旨的有效实现。公共图书馆要及时转变活动角色,只负责活动的统筹工作,包括活动规则的制定、活动资源的筹集、资金政策的争取、与相关部门进行合作等。至于活动的具体实施,应该坚持以读者为主导、公共图书馆协助的原则,以半自由的状态作为活动的运行模式,让读者成为图书漂流的践行者。公共图书馆和读者双方应分工明确、团结协作,充分发挥各自在活动中的优势,提升活动效果。在活动开展之前,可在原有的读者协会等组织的基础上,成立新的图书漂流读者工作委员会,专门负责开展图书漂流活动。只有充分调动读者的参与积极性,才能提高图书漂流的质量和图书的持漂率。

(三)加强活动宣传

任何阅读推广活动的组织和实施,都需要积极有效地开展全程的宣传工作。相对而言,图书漂流更需要开展大量的宣传工作,才能有效地实施与进一步发展。宣传活动的内容，不仅要包括活动的内容、规章和意义，还要包括对参与者的诚信教育。宣传活动的方式，不仅包括传统的宣传渠道，还要注重对新媒体的应用及图书漂流网站、实体漂流站点的建立。宣传活动的对象要广泛。宣传活动的形式要丰富，不仅要做前期宣传，还要做过程性宣传和总结性宣传。宣传活动的模式要多样，不仅要开展单一的宣传活动，还要进行心得体会交流等鼓励性、立体化的宣传活动。正所谓细节决定成败，在加强宣传工作的基础上，还要注重对经验的总结，不断提高活动细节处理能力。图书漂流不仅要做到漂流图书可读性强，而且还要通过精心包装、设计漂流图书的封面和标签内容，打造"明星"漂流图书。

（四）加强合作交流

图书漂流的效果在很大程度上取决于漂流图书的质量，而且反映在图书的持漂率上。几乎所有的社会组织和个人都认为，图书漂流作为一股清流，对促进全民阅读、资源共享和提高社会公德都有积极的作用。这就要求公共图书馆在开展活动的过程中，要加强与外界的联系和合作，以便取得更多人的关注和支持。首先，加强与出版发行机构的合作，以便获取更多有价值的图书资源用于漂流；其次，加强与其他公共图书馆之间的联系，通过与区域内公共图书馆进行合作组织实施图书漂流活动，以便提高图书的持漂率，延长漂流路线；最后，加强与社会组织机构的合作，通过取得社会组织机构的支持与合作，提高活动的影响力和影响范围，建立"馆内图书漂向社会"与"社会图书漂进馆内"的双向机制。

图书漂流作为一种独特的阅读推广方式，正逐渐受到越来越多人的关注和喜爱。它不仅是一种环保的行为，更是一种文化的传承和分享。

图书漂流不仅让读者能够接触更多的书籍，同时也促进了人与人之间的交流和互动。在漂流的过程中，每一本书都可能经历不同的读者，每个读者都会留下自己的阅读痕迹。这种交流和分享不仅让读者获得了更多的阅读体验，也让图书漂流成为一种独特的文化现象。通过参与图书漂流，我们可以让更多人了解阅读的乐趣和价值，同时也能为环保事业贡献自己的力量。希望未来能够有更多的人加入图书漂流的行列中来，共同推动阅读文化的传承和发展。

参考文献

[1] 毕洪秋，王政.真人图书馆与阅读推广[M].北京：朝华出版社,2019.

[2] 陶洁.图书馆阅读推广与信息服务研究[M].哈尔滨：哈尔滨出版社,2020.

[3] 王春玲.地市级数字图书馆资源建设与阅读推广研究[M].沈阳：沈阳出版社,2020.

[4] 金龙.一本书的图书馆之旅：图书馆阅读推广十五年[M].北京：商务印书馆,2019.

[5] 李瑞欢.公共图书馆工作实务[M].北京：现代出版社,2018.

[6] 王余光，霍瑞娟.图书馆阅读推广基础工作[M].北京：朝华出版社,2015.

[7] 肖三霞.图书馆全民阅读推广与服务模式构建研究[M].长春：吉林出版集团有限责任公司,2019.

[8] 卢家利.美国公共图书馆管理与服务[M].北京：中国商务出版社,2018.

[9] 高伟.图书馆建设与阅读服务管理[M].长春：吉林人民出版社,2021.

[10] 张波，朱晖.阅读重庆重庆市公共图书馆事业"十三五"发展报告[M].北京：中国经济出版社,2021.

[11] 王余光. 图书馆阅读推广研究 [M]. 北京：朝华出版社,2015.

[12] 徐益波. 公共图书馆信用服务的宁波实践 [M]. 天津：天津大学出版社,2021.

[13] 张岩. 深圳图书馆 [M]. 天津：天津大学出版社,2017.

[14] 国丽莹. 照亮童年：儿童阅读推广研究 [M]. 沈阳：辽宁大学出版社,2020.

[15] 冀萌萌,张瑞卿,崔佳音. 文化自信背景下我国图书馆的公共教育服务探索 [M]. 赤峰：内蒙古科学技术出版社,2020.

[16] 阮光册,杨飞. 公共图书馆管理与服务 [M]. 上海：上海科学技术文献出版社,2015.

[17] 李梅军. 图书馆印记 [M]. 北京：北京燕山出版社,2017.